À Liliane,

Merci de vouloir
me lire...
Tu es bien gentille
d'être venue nous
voir lire au Salon...

Amitié + tendresse,

♡ Lysette Brochu

Saisons d'or et d'argile

Les Éditions du Vermillon reconnaissent l'aide financière
du Conseil des Arts du Canada, du Conseil des arts de l'Ontario,
de la Ville d'Ottawa, et du gouvernement du Canada
(Programme d'aide au développement de l'industrie de l'édition,
PADIÉ, du ministère du Patrimoine canadien)
pour leurs activités d'édition.

 Patrimoine canadien   Canadian Heritage

Brochu, Lysette
Saisons d'or et d'argile : tableaux de vie / Lysette Brochu.

(Parole vivante ; 58)
ISBN 1-897058-21-7
I. Titre. II. Collection: Collection Parole vivante ; no 58

PS8553.R5977S35 2005   C848'.6   C2005-905661-4

Maquette de couverture : **Christ Oliver**
Photographies plats recto et verso, et page titre :
collection personnelle de l'auteure

Les Éditions du Vermillon
305, rue Saint-Patrick Ottawa (Ontario) K1N 5K4
Téléphone : (613) 241-4032 Télécopieur : (613) 241-3109
Courriel : leseditionsduvermillon@rogers.com

Distributeurs
Prologue au Canada
1650, boulevard Lionel-Bertrand Boisbriand (Québec) J7H 1N7
Téléphone : (1-800) 363-2864 (450) 434-0306
Télécopieur : (1-800) 361-8088 (450) 434-2627
Albert le Grand en Suisse
20, rue de Beaumont CH 1701 Fribourg
Téléphone : (26) 425 85 95 Télécopieur : (26) 425 85 90
Librairie du Québec en France
30, rue Gay-Lussac 75005 Paris
Téléphone : 01 43 54 49 02 Télécopieur : 01 43 54 39 15

ISBN 1-897058-21-7
COPYRIGHT © Les Éditions du Vermillon, 2005
Dépôt légal, troisième trimestre de 2005
Bibliothèque et Archives Canada

Lysette Brochu

Saisons d'or et d'argile

Tableaux de vie

 Vermillon

À vous que j'aime tant,

mes sœurs, Gaëtane, Colette, Lynne, Louise,
mes frères, Réal, Guy, Claude, et Marc,
mes belles-sœurs et mes beaux-frères,
mes nièces et mes neveux,

mon mari Maurice,

mes enfants et petits-enfants :

Pierre et Brigitte
Marc-André, Marie-France, Isabelle, Caroline,
Véronique et Hugo

Julie et Éric
Myriam, Denis, Camille et Catherine

Manon et Emmanuel
Florence, Claudia et Bruno

et à vous, mes beaux endormis dans l'éternité,
mes parents, René et Simone

Avant-propos

Pendant quelques années, j'ai assumé la tâche de chroniqueuse culturelle pour le cybersite *Planète Québec* et j'ai alors écrit quelques-uns des textes réunis ici, pour mes fidèles abonnés. À ma grande surprise et la reconnaissance au cœur, j'ai reçu de nombreux commentaires, venant de partout, du Paraguay, du Maroc, des États-Unis, de Vancouver, du Nouveau-Brunswick, de l'Abitibi, de Montréal, de la Suisse, de l'Alsace, de la Provence, de la Belgique, de la Nouvelle-Calédonie, enfin de partout... m'encourageant à en écrire d'autres. Un jour, en lisant mes courriels, j'ai décidé de regrouper ces chroniques et quelques-uns de mes anciens textes et de travailler vers une publication. Voici ce qu'une internaute me proposait :

Depuis quelques jours dans vos chroniques, d'une façon ou d'une autre, c'est l'amour et ses multiples facettes qui sont déclinés. Le bonheur ou le malheur, tour à tour, lié à ce sentiment profond.

Peut-être pourriez-vous faire un livre de tous ces aspects de l'amour : amour de la famille, amour de l'âme sœur, amour filial, amour de Dieu, amour des choses...?

Pat

Afin de rejoindre mes lecteurs et mes lectrices, je m'étais fixé des objectifs bien précis. Mon premier but devait être la facilité de la lecture, car je voulais que les jeunes, les plus vieux, les gens de partout puissent lire mes petites bouffées de vie... surtout mes enfants, leurs conjoints et mes petits-enfants. À quoi bon écrire si personne ne nous lit? J'ai donc opté, dans mes chroniques, pour le style direct, avec phrases courtes et mots compréhensibles pour tous, des mots familiers aussi et des expressions très courantes, évitant le plus possible les traquenards qui découragent la lecture. Et si j'ai presque toujours choisi le style du récit, c'est que je voulais que le lecteur, en feuilletant ces souvenirs et détails puérils parfois, ces témoignages, ces lettres, ces billets du jour, ces anecdotes ou ces élans poétiques soit ému... parce que je lui parlais avec mon cœur.

Souvent, les choses sont si loin et pourtant si près : ainsi qu'une enseignante traditionnelle, je pars donc presque toujours du connu à l'inconnu et je peins mes tableaux de couleurs et de mots qui me ressemblent, changeant les noms parfois, par délicatesse pour certaines personnes. J'aurais pu questionner mes frères, mes sœurs, mes amies... afin de préciser des lieux ou des traits de caractère, mais je ne voulais rendre compte, sans rien emprunter, que de mon expérience. Ma mémoire chancelante a peut-être choisi d'embellir certaines situations ou elle les a déformées. La vie n'a pas toujours les contours fermes et les circonstances sont enchevêtrées... Enfin, c'est ma petite histoire aux souvenirs abîmés parfois, mon interprétation, les pierres de gué, les bribes éparpillées de mon mystère, de ma chanson, ma symphonie de harpes et de tambours.

Un peu comme le papillon qui butine d'une fleur à l'autre, semblant s'égarer par moments, je me suis arrêtée ici et là, presque au hasard, convaincue que chacun des petits incidents de ma route terrestre en reflétait de plus grands et inversement. Je me suis promenée dans mon passé et j'ai glané des images, des sensations, des impressions, des émotions, des faits, des informations, des mots. J'ai revisité des sentiers battus, beau prétexte à une diversion ludique. Conçu très librement, *Saisons d'or et d'argile* est éclaté dans sa structure, mais resserré autour de ma famille, de mes proches, de ma communauté ou de ma profession d'enseignante. J'y ai aussi intégré quelques prières et réflexions, car ma foi chrétienne, un beau cadeau que j'ai reçu en héritage, est bien enracinée et elle ne se sépare guère du quotidien de ma vie.

Plus que tout, dans un monde parfois dur et indifférent, je tenais quand même à démentir l'énoncé selon lequel «les gens heureux n'ont pas d'histoires...» et à véhiculer, à ma manière, les valeurs dans lesquelles je crois : la famille, la bonté, la foi, la paix, la tendresse, la générosité, la tolérance, le partage, l'amour des petits, le pardon, la beauté... des qualités qui composent un idéal d'existence vers lequel je tends, mais qui m'échappe très souvent. Les commentaires de mes lecteurs ont été pour moi comme une boussole. Après tout, nous n'existons que par nos liens et, si j'en ai inclus quelques-uns, ce n'était pour aucune autre raison que celle de partager avec vous, la beauté cachée sous leurs paroles. Oui, il y a du bien bon et beau monde un peu partout sur la planète. Sans leurs encouragements, ce livre n'aurait jamais vu le jour.

J'ai choisi *Saisons d'or et d'argile*, titre qui évoque à la fois, bonheur et travail, car les petites saisons bien à nous, en nous, nous permettent de mieux comprendre la logique de notre univers intérieur, de la naissance à la mort, de comprendre les jours et les nuits qui nous habitent, les moments dorés et les durs coups boueux du sort : saisons des aurores et des bourgeons, de la floraison et des amours, de la pluie et des larmes, de la récolte et des pépins, de la moisson, du frimas, du verglas, du soleil et de l'éternel recommencement... Aussi, parce que je chéris ce que dit Ovide dans *Les Métamorphoses* :

Le premier âge du monde fut appelé l'Âge d'or, parce que l'homme y gardait sa foi, sans y être contraint par les lois, parce que de son propre mouvement il culti- vait la Justice, et qu'il ne connaissait point d'autres biens que la simplicité et l'innocence. La peine et la crainte en étaient entièrement bannies... [1]

Il me reste à dire un grand merci à mon cher Maurice pour ses heures d'écoute et de patience et son inconditionnel amour pour moi. Grand merci aussi à ma famille qui a compris qu'un plongeon dans le passé exige temps et isolement...

Lysette

www.lysettebrochu.com

info@lysettebrochu.com

Les parents de Lysette
Simone Legault et René Lapointe, 1943
Photographie : collection personnelle de l'auteure

---

1.   Ovide. *Les métamorphoses*, Traduction de Pierre Du Ryer, Amsterdam : P. et J. Blaeu : Janssons a Waesberge : Boomey Goethals, 1702, 574 p., Gallica n° 72208.

Première saison

Ma tendre enfance

Quête spéciale à l'Oratoire

Au bout de trois années de mariage, étant toujours sans enfants, on dit que mes parents commençaient à désespérer. Les yeux pleins d'eau, révélant le drame intime de son cœur, ma mère répétait :

– Qu'est-ce qu'on a fait au bon Dieu pour mériter ça ? On n'aura jamais de bébés si ça continue d'même. Deux fausses couches pis toujours pas en famille à l'heure qu'il est. C'est ben l'comble des tracas pis d'la misère si on s'ramasse pas d'enfants.

Avec son calme et son sang-froid habituels, mon père la consolait de son humeur chagrine du mieux qu'il savait le faire.

– Simone, ta mère a eu dix enfants pis la mienne en a ben eu une quinzaine, ça viendra la marmaille. Faut pas se désappointer trop vite.

Venu l'automne de 1945, avec dévotion, le couple priait, se rendait à l'église quotidiennement, allumait des lampions, égrenait les Ave Maria et faisait des neuvaines à saint Joseph.

– Ah René! Si seulement le frère André vivait encore, on pourrait aller lui demander de nous prodiguer un miracle.

Né cent ans auparavant, en 1845, Alfred Bessette, dit frère André, était un religieux de la congrégation de Sainte-Croix. Son exceptionnelle confiance en la

puissance de saint Joseph, patron de l'Église universelle, l'avait amené à guérir les malades et à soulager les
souffrances des infirmes ou de personnes ayant des
ennuis de toutes sortes, des gens qui venaient de partout pour entendre ses paroles simples et son franc-
parler. Il leur remettait de ses mains une médaille et
un peu d'huile aux vertus curatives en leur disant :
«Ayez confiance ! Priez saint Joseph ». La réputation du
thaumaturge s'était répandue et il avait dû affronter
les sarcasmes et les attaques de plusieurs adversaires.
À sa mort, le 6 janvier 1937, un million de personnes
s'étaient pourtant recueillies sur sa dépouille.

Mon père, après la remarque de son épouse, commença donc à mijoter un projet. Pourquoi ne pas se
rendre à Montréal ?

– Simone, qu'est-ce que t'en dirais si on allait monter à genoux les marches à l'Oratoire du Mont Royal ?
Il doit bien y avoir deux à trois cents marches de la rue
à la basilique. Si on veut recevoir une faveur, faut ben
donner pis faire des sacrifices. On va aller prier fort,
pis tu vas voir, tout va s'arranger. Le frére, y'est capable
d'accorder des grâces même après sa mort ; c'était un
honnête homme pis un bon ami de saint Joseph.

L'espoir était revenu. Ils iraient dans ce lieu de
renommée internationale, résultat d'un rêve incroyable
d'un humble portier de collège, le frère André. Rendus
à l'Oratoire, avec ardeur, ils supplieraient le ciel d'entendre leur prière.

Quelques jours plus tard, ils roulaient déjà de
Sudbury vers la grande ville, un bien long voyage, dans
la vieille Chevrolet d'un ami. Ils regardaient le paysage
sans le voir, repassant tant de choses dans leurs cœurs
que parfois, après un silence songeur, les rendant muets

trop longtemps, leurs propos se croisaient sans se répondre, dans une conversation à contresens.

– C't'un bazou qui s'chauffe ben. Ça va en prendre un char ben vite hein ? Avec des p'tits, c'est ben commode. Faudra, itou, poser une nouvelle fournaise à charbons dans la cave pour les gros frets.

– Un beau bébé blanc et joufflu, bien portant, c'est ça que j'vas demander. J'ai déjà cousu huit piqués avec des poches de sucre, restera à coudre une bonne douzaine de couches en coton pis à faire des p'tits tricots avec des capines.

Quelques minutes plus tard, mère ajoutait...

– Ah oui, pendant qu'j'ai ça en tête, j'voudras ben rapporter de l'eau bénite pour le temps des orages électriques. Tu m'y f'ras penser.

Toujours est-il que les rêveurs, se mêlant à la foule de pèlerins, sont allés s'agenouiller, les mains jointes, afin de quêter, avec ferveur, des enfants à l'Oratoire. J'imagine qu'ils ont ensuite fait un retour joyeux vers la maison, malgré leurs genoux rougis et enflés.

L'année suivante, le 18 juillet 1946, je suis née, à l'hôpital Saint-Joseph de Sudbury, l'aînée d'une famille qui compterait, après onze ans seulement, neuf petits Lapointe : Lysette, Gaëtane, Réal, Guy, Claude, Colette, Lynne, Marc et Louise. En badinant, parfois, mon père, regardant la ribambelle d'enfants qui le suivaient, se tournait vers ma mère en disant :

– Les as-tu comptés dernièrement ? Il faudrait ben aller descendre les marches de l'Oratoire asteure, pis à reculons, hein Simone ? Qu'est-ce que t'en dis ?

Leurs rires tintaient comme la musique des cloches du dimanche.

Aujourd'hui, mes parents sont morts, mais je sens que de leur pays éternel ils veillent sur leurs enfants. Leur âme vit toujours en moi et, souvent, je m'attendris à les faire revivre, à me remémorer leur désir de me voir naître. À l'occasion, je me rends à l'Oratoire, à mon tour, afin de dire merci à saint Joseph et au frère André pour ce grand privilège qu'est la vie.

* * *

Les vagues naissent et meurent,
l'eau passe, mais la rivière demeure.
Dovan

Une rivière de larmes

Ma grand-mère maternelle vivait à Verner, en Ontario. Dans l'inconscience de mon jeune âge, moi, la belle naïve, je croyais que le cours d'eau traversant ce village, la rivière Veuve, avait été nommé ainsi en l'honneur de ma grand-mère, deux fois veuve.

Son premier mari, Omer Legault, avait tragiquement péri dans un incendie, en 1921, à l'âge de vingt-sept ans seulement, brûlé vif sous les yeux de sa famille. Ma mère nous racontait parfois quelques détails de cette nuit d'horreur qui lui avait ravi son papa.

– Dans ce temps-là, mes parents étaient propriétaires d'un magasin au village pis nous autres, on logeait dans l'appartement du haut. Une nuit, pendant que

Omer Legault.
Il a épousé Anna Legendre
le 19 mai 1913 en l'église Saint-Jean-Baptiste de Verner
Photographie : collection personnelle de l'auteure

tout l'monde dormait, le feu s'est propagé dans les murs en grondant. Le bruit était si fort que ça nous a réveillés. J'avais juste trois ans, mais j'me souviens encore des hurlements de douleur de mon pére sortant du magasin comme une torche vivante devant nos yeux. Quel choc !

En sanglotant, on s'cramponnait à notre mére en criant « pôpa, pôpa »... Après avoir réussi à nous sortir, y'était retourné dans les flammes pour aller chercher sa caisse. On dit que c'est en ouvrant la porte du placard qu'y'a été victime d'un retour de flammes pis que tout y'a explodé en pleine figure... Grièvement brûlé, y'a vite été amené à l'hôpital de Sturgeon Falls en train, sur le fast, pis pendant trois interminables jours, y'a agonisé sur son lit. Y'aurait été mieux de mourir su'l'coup, pauvre lui. Heureusement par exemple, le prêtre a eu l'temps d'y donner l'Extrême-onction[2]. Quand y'est finalement parti, ben sa jeune veuve, démunie, affolée, tellement triste, restait avec trois enfants su' les bras, Lucien, Annette pis moé, pis un autre en chemin qu'elle a baptisé Omer comme son défunt mari.

Maman, remuant les cendres posées à jamais dans sa mémoire, continuait sa saga familiale, en nous expliquant comment sa mère, femme forte et travailleuse, les avait courageusement élevés et comment elle leur avait inculqué du respect pour les morts :

– Pauvre mére ! A besognait du matin au soir, tricotant des bas pis des pantoufles qu'a vendait, faisant des lavages, des repassages, pis du ménage pour les autres. Le dimanche, a nous habillait en noir de la tête aux pieds, ensuite a nous amenait, en marchant, sous les regards apitoyés des gens, au cimetiére, pour prier et pleurer sur la tombe à pôpa. Tout le village nous pointait du doigt en disant : « R'gardez ces pauvres enfants ! Des orphelins de pére... ah si cé pas une situation déplorable ! »

Arrivée à cette partie de ses souvenirs, maman se taisait. Perdue dans sa peine pour cette jeune fille d'autrefois, le visage assombri, incapable de se résoudre à continuer sur ce retour dans le monde de sa petite enfance, elle fermait les yeux afin de chasser les images qu'elle venait d'évoquer, tentant, du mieux qu'elle le pouvait, de réprimer de trop forts sentiments et, elle

---

2.   Catéchisme de saint Pie X , Chapitre 7 : *L'Extrême-onction est le sacrement institué pour le soulagement spirituel et même corporel des malades en danger de mort.*

hochait la tête. Nous la pressions de questions, l'encourageant à raconter le reste de son gris et cruel passé, car si nous connaissions l'histoire par cœur, nous nous sentions chaque fois plus près d'elle, saisissant mieux sa persistante mélancolie en sourdine, comprenant à notre manière que des blessures aussi grandes ne s'effacent jamais et, quoi qu'il en soit, le temps, les années, les silences, ne font que les approfondir. Après une longue pause, suivie d'un grand soupir, elle se redressait et reprenait le fil de son récit.

– En tout cas les enfants, votre grand-mère a mené cette vie monotone, faisant des économies de bouts de chandelle, pendant de nombreuses années avant l'arrivée dans sa vie d'un Monsieur Xavier Lachance, veuf lui itou, à deux reprises à part ça, et le pére de trois grands gars, Lionel, Gaspar pis Delval. Monsieur Lachance venait porter ses brassées de lavage chez nous. Ça pas pris ben du temps qu'y a faite sa grand' demande pis les deux veufs, à la surprise de tous, ont décidé de se marier. J'oublierai jamais ce fameux jour-là, cé comme si n'ayant pas l'droit, moé, au bonheur, on m'avait tatoué tout ça su'l'cœur. C'était le 24 avril 1930 dans la paroisse Saint-Jean-Baptiste de Verner. J'ai commencé le jour même à subir la vie plate d'une adolescence qu'y en finissait plus... Imaginez-vous qu'y fallait, à partir de ce moment-là, appeler cet étranger « pôpa ». Pour finir le plat, on a dû lâcher l'école pour aller vivre chez eux pis travailler à la sueur de notre front. Ça été dur. Ah! si vous saviez combien j'ai haï ça, aller vivre sur une terre! «Mon Dieu, où veux-tu que j'aille?» C'était ça ma vaine prière quotidienne. Plus tard, ma mére pis lui, un homme qui a été ben correct avec nous autres quand même, y'ont eu six enfants, Françoise, Bernard, Hubert, Yvon, Jacqueline, Lorraine...

Enfin, n'en pouvant visiblement plus et, tremblante, elle murmurait : « C'est assez... allez jouer asteure... »

Moi, j'avais connu et beaucoup aimé Pépère Lachance mais, malheureusement pour moi, lui aussi était parti pour le paradis avant que je fête mes cinq ans, faisant de Mémère, une veuve éplorée pour la seconde fois.

Je me souviens même très bien d'avoir vu mes parents, des oncles, des tantes, des cousins et des amis du voisinage se regrouper dans le salon de la maison du mort pour veiller le corps. Autour du cercueil, les personnes rassemblées se signaient dévotement et réci-taient d'interminables prières en commun, suivies de chapelets, pendant que moi, impressionnée par l'am-biance, j'allais me coller contre eux, cherchant une accolade, voulant me rassurer un peu.

Anna Legendre-Legault-Lachance ne s'est jamais remariée. Avant de s'éteindre paisiblement à l'âge de quatre-vingt-dix-sept ans, dans sa petite chambre, au-dessus de son lit, elle avait fait suspendre deux photos, bien encadrées, de ses hommes bien-aimés. En riant, elle répétait souvent :

– De l'aut' bord, je l'sais pas lequel va m'attendre, Omer ou Xavier... toujours ben que j'prends pas d'chance d'en faire choquer un.

* * *

Maman,

*Ces histoires nous remettent sur la bonne voie...
tant de plaisir avec des petites choses, apprendre à
s'amuser en faisant une corvée... En te lisant, on se rappelle qu'on peut choisir de faire les choses avec amour
ou pas pantoute, comme tu nous l'as souvent dit!*

Manon

Dans le temps des planchers cirés et des chansons

Étrange, ce phénomène de l'enregistrement de nos souvenirs. Les grands événements s'estompent dans notre mémoire et ne restent vivants que banalité quotidienne ou moment ordinaire d'une journée parmi d'autres. Je me demande souvent pourquoi mon esprit a choisi de conserver certaines images, plutôt que d'autres, par exemple celle de mon père qui arrive à la maison, rue Montagne, à Sudbury, en mil neuf cent cinquante, le journal *La Patrie* sous un bras, un sac d'épicerie dans l'autre.

Il me semble revoir ma mère, couverte de son tablier, ses cheveux pincés en chignon, l'accueillir, joyeuse, à la porte. J'entends encore leur conversation.

– T'as pas oublié la cire jaune, la fleur, pis les groceries, hein René?

– Non Simone. J'ai pas oublié non plus le pain tranché, pis la m'lasse, la crème non plus. Tout ce que tu m'as demandé.

– Bon ben, occupe-toé des p'tits, ça va me donner une avance, le temps que je finisse de mettre la wax sur mon plancher de cuisine. Tu l'poliras, si tu veux, après souper, pendant que j'nourrirai le bébé. Y doit être à veille de lâcher un ouac.

– Simone, laisse-moé m'atteler à la tâche. T'as l'air d'être rendue au boute! J'aime pas t'voir à quatre pattes par terre avec ton gros siau d'eau sale. Tu devrais prendre la moppe. Tu vas t'éreinter le dos pis dans ta condition...

– Non non! Justement, tu vas faire les coins trop ronds. Tu vas botcher la job, pis salir les quarts de rond à part de ça, t'es trop broche à foin. Ça fait que j'aime mieux faire mon vendredi toute seule. J'ai l'habitude!

Papa nous amenait, les trois plus grands, dans le salon, pendant que le bébé dormait et que notre mère vaquait à ses activités. Je n'avais pas encore cinq ans, mais je devinais déjà qu'il jouait le beau rôle. Nous aimions tant l'entendre, de sa voix forte, mais tendre, nous lire les bandes dessinées de Toto et Titi ou Philomène et Sloggo. Parfois, les odeurs familières de macaroni aux tomates se mêlaient à celle de la cire que maman étalait, sans la ménager, sur le prélart de la pièce à côté. Nous savions que le souper ne tarderait pas et nous nous réjouissions à l'idée du plaisir fou que nous aurions, en soirée, venu le moment de polir ce parquet ciré.

Après les bandes dessinées, papa nous lisait aussi quelques en-têtes du journal. Une manchette avait su m'intriguer particulièrement : Des religieuses fabriquent des bébés pour Noël. Moi qui voulais savoir comment on faisait des bébés! J'en avais des questions à poser. Quelle déception! Les religieuses montaient des crèches avec des petits Jésus de cire. Je ne percerais pas les mystères de la vie ce jour-là et j'apprendrais à me méfier des titres journalistiques.

Plus tôt dans la journée, en prévision du grand ménage, Maman avait poussé la table de cuisine et ses chaises dans le vivoir. Elle venait donc maintenant, vers nous, nos assiettes bien chaudes à la main, en s'énervant un peu.

– Vite ! Grouillez-vous pis attention de pas vous enfarger dans les meubles ! La table est appareillée. Assisez-vous pendant qu'c'est chaud. J'vas aller chercher vos verres de lait. Pis faites attention. J'veux pas en voir un qui renverse son verre.

Dans notre décor du vendredi soir, jour maigre, nous mangions notre repas sans viande et sans chagrin, après avoir remercié le Bon Dieu pour la nourriture qui garnissait notre table. C'était toujours mon repas préféré, car nous avions droit à des sardines en boîte et à des cornichons.

Mon petit frère faisait rire toute la famille lorsque, de sa prononciation zézayante et avec ses mots transformés, il baragouinait :

– Z'veux d'autre maraconi, des binnes en canne itou pis des zardines.

– T'as toujours les yeux plus gros qu'la panse, lui répondait ma mère.

Après le dessert, pomme sucrée au four ou morceau de tarte aux raisins de la veille, mes parents travaillaient ensemble à débarrasser la table, laver la vaisselle et récurer les chaudrons. Nous courions en rond dans le salon en chantant à tue-tête, *Promenons-nous dans les bois, pendant que le loup n'y'est pas...* jusqu'à ce que papa vienne nous chercher.

– V'nez les enfants. Hora! Lysette, Gaëtane, Réal...
C'est l'heure de faire briller c'te plancher-là.

Il sortait l'immense cireuse-brosse de son armoire
et, tous les trois, nous y montions. Il fallait bien se tenir
pendant que papa poussait l'appareil, le tirait, le re-
poussait et le tirait encore. Il chantait :

Youppe! Youppe! sur la rivière
Vous ne m'entendez guère
Youppe! Youppe! sur la rivière
Vous ne m'entendez pas...

J'entends en moi, l'écho du rire de ma sœur
Gaëtane et les cris de joie que poussait mon frère Réal.
C'était notre danse du vendredi soir. Papa prétendait
que grâce à notre poids, il pouvait mieux frotter le plancher. Maman, assise à son tour dans le salon, s'occu-
pait de petit Guy. Je me sentais si bien, le ventre plein,
dans ce foyer propre, près d'un père qui s'amusait autant
que nous et d'une mère qui supervisait en s'exclamant
à tout moment :

– Pas si vite René. Les p'tits vont prendre une
débarque... Mais t'es fou comme un balai. Le plancher
va être ben beau, mais toé, tu vas être au coton à les
charrier d'même. Aye! Fais sûr de pas oublier c'te coin-là.

* * *

Les événements marquants de la vie ne s'effacent jamais, pas seulement ceux de la petite enfance, même si ces derniers comptent généralement plus que les événements survenus à l'âge adulte.

Jacques Flamand

Le téléphone rouge

C'est une journée ordinaire, dans ma famille ordinaire. Un jour de semaine sans éclat. Ah si! Un petit «Bonne fête, ma fille», un baiser tendre sur la joue, le matin au déjeuner, mais pas plus! Rien de bien palpitant. Pourtant, j'ai attendu ce grand jour comme seule une fillette de quatre ans peut compter le temps, avant son anniversaire.

– Môman, y reste combien de dodos avant ma fête? Je vas être grande... hein?

Je rêve déjà d'être grande, afin de ne plus avoir à obéir aux commandements des adultes qui, d'un ton tranchant, me dictent ma conduite :

– Mange tes carottes! Tu dois faire un somme! Range tes jouets! Prête ta toupie à ta sœur! Non, pas de bain ce soir! Reste tranquille, saute pas comme ça...

Au fond de moi, je retrouve un tel goût de liberté et d'indépendance! Sans contraintes, j'irais jouer chez Marguerite, la nouvelle voisine à la jupe fleurie et aux souliers de cuir vernis que j'ai rencontrée l'autre jour. Ce serait si agréable de grimper sur le rocher derrière la maison afin d'aller cueillir des bleuets, me rafraîchir dans le ruisseau qui longe la rue Montagne, passer des soirées à colorier ou à écouter la radio ou même tracer la calligraphie de vieilles lettres que ma mère garde dans le tiroir de cossins.

Pour l'instant, je regarde mon père travailler. Il bâtit un muret de soutènement, dans le fond de la cour, derrière notre maison au recouvrement imitant des briques rouges. De temps à autre, il s'arrête, et il me demande tendrement : «Irais-tu me chercher un verre d'eau, Lison?» Je m'empresse de lui faire plaisir, tout en restant dans l'expectative... Papa chantera soudainement «Bonne fête, Lison», et il se penchera vers moi, me déclarant qu'il ne travaille pas vraiment à monter un mur, mais à me bâtir une petite cabane de poupées, semblable à celle de ma cousine. Mais non!

C'est déjà l'heure du dîner. En accourant vers la cuisine, je me dis : «Peut-être qu'on aura étalé la nappe brodée et que maman aura sorti du buffet la vaisselle du dimanche?» Déception! C'est un lundi! Ma mère est occupée à passer le linge au tordeur et l'odeur des vêtements javellisés imprègne la pièce centrale. Je me pince les narines, prends ma place habituelle à la table, à côté de ma petite sœur, Gaëtane, encore dans la chaise haute.

Les bras croisés, je grimace. «J'aime pas la fricassée, ni le baloné! J'veux une beurrée de caramel.» Décidément, ce n'est pas ma journée.

Fatiguée dernièrement, le ventre encore arrondi, ma mère, qui n'est pas dans ses bonnes, mais bien à bout de nerfs, se moque de moi, me parlant fort dans les oreilles et me secouant un peu rudement par le bras :

– Aye! Ma p'tite bonjour! Tu feras pas de boudin icitte toé. Qu'est-ce que t'as? Le chat t'a volé ta langue?

Silence! L'interrogatrice hausse les épaules et regarde mon père :

– J'en peux plus, c't'enfant-là m'exaspère aujourd'hui. Depuis le matin, si elle chigne pas, elle rouspète. Je l'sais pas quoi faire avec elle...

Pourtant, ma sœur fait de beaux yeux angéliques et mes parents s'esclaffent. Elle jette même de sa fricassée au chien et encore, ils pouffent de rire.

Je prends alors une décision. Je dirai à mes parents que je ne me sens pas bien. Maman, inquiète, me donnera toute son attention, elle me pardonnera ma maussaderie et, peut-être même, se souviendra-t-elle de l'importance de la date spéciale au calendrier mural, ce 18, entouré d'un cercle rouge.

Le visage pleurnichard, je murmure :

– J'ai mal au ventre...

– Va t'étendre sur notre lit, ça va t'ôter la baboune, répond ma mère du tac au tac. Vite, grouille-toé! T'as pas l'air malade pantoute, pis t'as frappé un nœud si tu penses avoir de la pitié de même...

Après avoir enlevé mes bottines blanches, je m'étends sur le couvre-lit chenillé de mes parents, dans la pièce à côté de la cuisine.

Bientôt, Prince jappe, on frappe à la porte. Au timbre de la voix, je reconnais le visiteur. C'est oncle Roger, celui que je préfère entre tous. Souvent, il me remet un petit sac brun avec des réglisses noires et des caramels, il me raconte aussi des histoires drôles et, de bon cœur, il chante :

Vot' p'tit chien madame,
vot' p'tit chien madame
m'a mordu...

Tais-toi donc p'tit menteur,
mon p'tit chien t'a pas mordu.

Aux pique-niques du dimanche, au bord du lac, il me prête le gros flottant noir, une chambre à air pour pneu qu'il appelle le tube et, après m'avoir donné une erre d'aller, j'arrive à me maintenir sur l'eau comme si je savais nager. Mon oncle dit que je semble aussi fière qu'un oisillon volant pour la première fois !

Oh ! Retour à la réalité... Papa m'appelle.

– Lison, ton oncle Roger t'a apporté un cadeau, viens voir.

Une surprise ! Mon cœur tambourinant dans ma poitrine, je suis bien tentée de courir immédiatement dans les bras de mon sauveur, mais quelque chose me retient. Comment expliquerais-je ma soudaine guérison ? J'ai pourtant envie de me plaindre : « J'suis vraiment malade et regarde, oncle Roger, comment on me traite. C'est ma fête après tout... » Dans cet apitoiement sur mon sort, je m'imagine le déroulement d'une scène accompagnée de la musique d'un violon : ma mère, toute chagrinée, reconnaissant avoir eu tort, viendrait à mon secours, s'assoirait sur le lit et elle me consolerait de mots doux et gentils. Ensuite, pour se faire pardonner, elle sortirait, de son coffre de cèdre, un gros paquet enrubanné... une poupée peut-être. Sans réfléchir davantage, je choisis de feindre un accès de toux.

– Hum ! heu ! heu ! J'suis trop malade... j'veux rester couchée.

Ah ! Les mots prononcés, je n'ai plus qu'à attendre. Maman, la bouillotte d'eau chaude ou la ponce d'eau sucrée et de citron à la main, arrivera bien sans tarder, comme d'habitude. Ce sera bon de me blottir contre elle et de me faire caresser les cheveux.

Les voix sont trop basses pour que j'entende clairement les propos entre les grands. Je me lève, colle mon oreille contre la porte et je capte des bribes de conversation. D'abord le chuchotement de ma mère :

– ... on sait ben, des caprices... première fois qu'elle boque de même la p'tite mosus... il faut pas la laisser faire... va devenir menteuse... non! pas de fièvre... j'ai pas envie qu'a r'commence... oui, on devait la fêter à soir au souper... veux-tu un morceau de gâteau?

Et puis la voix peinée d'oncle Roger :

– ... j'aurais aimé ça la voir... Non, pas d'gâteau. Ben oui, si tu penses... je r'viendrai un autre jour...

Le clac de la porte... il est parti. Non! Non! Non!

Je cours, en détresse, l'aperçois à la fenêtre, mais il est déjà trop loin. Les sanglots m'étouffent. La fillette que je suis pleure maintenant à chaudes larmes.

Je retourne m'effondrer sur le lit, la tête dans l'oreiller afin d'étouffer les bruits de mon âme. « Ô maman, pourquoi ta voix est si grondeuse? » Je finis par m'endormir pour m'éveiller à la brunante.

Tremblante, encore affligée, tenaillée aussi par la faim, visage contrit et mine résignée, je sors lentement de la pénombre et je me rends vers les silhouettes qui bougent sur le mur du salon. Mon père lit le journal. Ma mère délaisse son tricot, fronce les sourcils en voyant mon visage rougi et, sèchement, elle me fait des remontrances.

– Tiens tiens, une revenante. T'as l'air chaude un peu... as-tu d'la fièvre? Viens que j'tâte ton front, j'tavais peut-être trop abriée taleur. T'as pas honte un peu? Ton oncle va penser que t'es ben mal élevée, ben têtue ma fille. Si tu penses que tu mérites des bebelles asteure, tu te trompes. On te fêtera quand tu seras plus fine. J'te laisserai pas prendre des mauvais plis, mets-toé ça dans la caboche pis tu m'enjôleras pas avec ton air de p'tit chien battu. C'est pour ton bien. Pis le cadeau à mon oncle Roger, c'est ta p'tite sœur qui va l'avoir.

Mon père reste témoin muet.

Ce n'est pas non plus, sans une petite pointe de jalousie que, sans dire un seul mot, les lèvres serrées, la tête bouleversée, j'observe la scène. Gaëtane retire de la boîte enveloppée de papier rose, un magnifique objet comme on n'en voit pas souvent à l'époque, et s'exclame : « téwéfone... beau téwéfone wouge...»

À partir de ce moment, je ne supporterai pas facilement les réprimandes et je ne chercherai plus l'attention en prétextant la maladie. Lorsque reviendra mon anniversaire, je n'aurai plus de folles attentes, préférant m'isoler des plaisirs trop grands. Ma mère, bien contente de m'avoir domptée à temps, me renotera souvent ma faute :

– Te souviens-tu de ta menterie ? J'te l'dis que t'avas le caquet bas c'te fois-là. Une chance que j'étas là pour te corriger. T'étas ben difficile à plier aux ordres, hein ?

Oncle Roger, lui, reviendra quelquefois dans les parages, mais une gêne inexplicable s'installera entre lui et moi. À croire peut-être qu'il était à blâmer pour quelque chose, coupable d'avoir acheté un téléphone rouge.

Aujourd'hui, j'ai presque soixante ans. Pour la première fois, depuis ce jour ordinaire, je vous raconte l'épisode du téléphone rouge. Malgré moi, de grosses larmes mouillent mon visage.

– Ridicule, n'est-ce pas ? Oubliez ça ! Simple froissure douloureuse de mon cœur d'enfant qui perdure. Que je suis morose aujourd'hui, comme si je pouvais porter encore en moi la peine d'une enfant de quatre ans !

* * *

... par ma faute, par ma faute, par ma très grande faute ! Confiteor.

Pantalonnade

C'était un grand jour pour les enfants de mon père. En effet, une bétonnière, aussi grosse que la maison, coulait du ciment tout autour de notre terrain. Papa avait décidé de faire construire des trottoirs afin que nous puissions circuler en sécurité sur nos tricycles. Il n'était pas question de rouler dans la rue, car ma mère, enceinte d'un cinquième enfant, n'avait guère le temps de venir nous surveiller. Nous étions fous de joie ! J'avais six ans et je protégeais mes frères et sœurs :

– Allez pas trop près du truck, c'est dangereux. Restez sur le perron pis attendez que papa nous dise que c'est prêt.

Ensemble, nous suivions le déroulement des travaux avec une vive attention. Je me voyais déjà en train de mener le défilé sur ce trottoir qui ferait le tour de notre maison, boulevard Lasalle, dans le New Sudbury. Que nous étions impatients ! Les travaux s'arrêtèrent soudainement.

– C'est l'heure d'aller manger les p'tits. Y faut rentrer. Votre mère a fait de la bonne soupe aux pois. Les hommes aussi s'en vont dîner, alors, inquiétez-vous pas, y's'passera rien pendant que vous êtes en dedans.

J'étais trop excitée pour manger et rester en place très longtemps.

Le temps de le dire, j'avais avalé ma soupe et j'insistais pour retourner dehors.

– J'vas juste m'asseoir sur le perron en attendant.

Me voyant si intéressée, ma mère acquiesça. Après quelques minutes d'observation, bien assise et bien tranquille, je décidai d'aller examiner les travaux d'un peu plus près.

J'étais fascinée par cette pâte lisse qui serait sèche à peine quelques heures plus tard. Il me fallait bien la toucher du doigt, un peu pour sentir si elle commençait à durcir.

De plus, je voulais sauter de l'autre côté de cette lisière de béton, afin de vérifier mes prouesses. Plouc! Je tombai les deux fesses dans le ciment frais. En vitesse, je me relevai. Quel dégât!

Avec mes mains, je tentai d'aplanir mes empreintes tant bien que mal et ensuite je courus dans la maison. Comme toute ma famille était encore attablée, je n'eus pas trop de peine à me rendre dans ma chambre sans me faire remarquer. J'enlevai mes pantalons incrustés de gravier et de sable et je me dépêchai de choisir mes shorts préférés. Je dirais à maman, si elle devait m'interroger, que j'avais eu chaud, c'est tout.

En vitesse, j'allai déposer mes vêtements souillés dans la chute à linge. Après un bon lavage de mains, je retournai dehors, l'air innocent, le cœur effleuré par l'inquiétude d'un lancinant remords, mais bien déterminée à être sage comme une image.

Les travaux reprirent et les ouvriers achevaient leur besogne lorsque j'entendis ma mère m'interpeller :

– Lysette, viens icitte une minute. En triant le linge pour le lavage, j'ai trouvé ces pantalons qui ont tout sali les robes de tes sœurs. T'es allée jouer dans le ciment, c'est ça ? Ça s'peut-tu ! Tu mériterais une cinglée. Tu savais que tu devais rester loin du trottoir pis t'as désobéi. Là, tu t'fais prendre les culottes à terre. Réponds-moé pis j'veux la vérité ma p'tite hypocrite.

Confrontée à ma faute, j'ai tout avoué.

Ma mère se dépêcha d'avertir mon père. Trop tard !

Lorsqu'il alla vérifier la partie du trottoir coulée le matin même, celle-ci avait déjà durci et des petits doigts d'enfant moulés dans le chemin des tricycles seraient à jamais témoins de ma chute.

Mon père, ses yeux bruns rieurs dans lesquels brillait une lueur amusée, me dit pour tout blâme :

– Lysette, la prochaine fois que tu désobéiras, cache-toé pas. Y'a toujours des traces qui restent de nos chutes dans le péché, même si elles ne sont pas toujours aussi visibles qu'aujourd'hui.

* * *

« *... quelques expressions qu'on retrouve aussi en Wallonie, j'aime cette francophonie-là, qui parle le langage des maisons, des cuisines, des familles, des générations. J'ai vraiment été prise dans le cours de cette anecdote, l'auteure a un réel don pour raconter les petites choses de son enfance qui ont un bon parfum de vécu, des histoires douces, des fiertés et fidélités d'enfant, des petits drames et petites hontes, qui sont la racine de nos valeurs, de nos amours. Je pense énormément de bien de cette historiette. Elle m'a ramenée dans ma propre enfance, chez mes grands-mères où trônaient, dans la cuisine ou la salle de couture, les vieilles machines à coudre, à pédalier, montées sur table en bois. Il y a de l'amour dans ces œuvres-là. Chez cette auteure aussi.* »

Florence Noël, Cybersite Francopolis

Robe de fil et de larmes

Maman avait cousu toute la semaine. Cette année-là, nous devions fêter Noël chez ma tante Georgette et ma mère, fière et entreprenante, voulait impressionner sa belle-sœur, celle qu'elle nommait la particulière. Cette tante n'avait que deux enfants, très sages, sa maison était impeccable, aussi propre qu'une chambre d'hôpital, et elle faisait même toutes ses confitures maison. Une tante respectée, chez qui toute la famille se tenait bien.

Mes parents, eux, comptaient déjà six enfants et je venais tout juste de fêter mes sept ans. Il me semble encore entendre la conversation qui se déroulait, tard le soir, dans la cuisine. Le fil s'était entortillé dans la bobine, maman arrêtait la machine à coudre en soupirant et papa, cessant de se bercer, déposait son journal, le *Sudbury Star*, et lui disait gentiment :

– Simone, tu pèses ben fort sur la pédale. On dirait que t'es payée à l'heure. Arrête une minute. Laisse ta boîte à ouvrage de côté, pis viens te reposer un p'tit brin. Tu dois être au coton.

– J'ai pas l'temps. Au prix des robes pis des pantalons dans les magasins, faut ben que j'couse. On est pas pour aller chez Georgette en guenilloux, les p'tits atriqués comme la chienne à Jacques dans du linge usé à corde. À Noël, faut ben qu'on se renippe. Y'a toujours ben des limites. Pis demain, c'est pas possible de travailler, c'est dimanche... J'ai bien peur que ça va prendre tout mon p'tit change pour finir ma couture à soir.

– Nos enfants sont toujours ben habillés, Simone... C'est pas grave si y'en a un qui porte du vieux. Chez nous, on était pas riche, tu l'sais. On était ben quinze ou seize enfants ! Y fallait qu'on s'passe les chaussures pour aller à l'école pis on est pas morts.

– De grâce, donne pas ça en exemple. À t'écouter, j'les amèneras en visite en overalls. Ça paraît que c'est pas toé, mon grand Jos connaissant, qui t'occupes de les endimancher, ces enfants-là. Laisse-moé faire, j'achève, pis pousse ta chaise berçante un p'tit peu, j'ai besoin d'la place pour étendre mon tissu. Rends-toé utile, veux-tu, pis vas voir si les enfants sont désabriés. Après, ben va chercher un peu d'eau de pluie dans le baril, je laverai mes ch'feux taleur.

Le jour de fête venu, Maman nous savonnait au Lifebuoy, un savon à l'odeur d'hôpital, s'affairait à quelques petites retouches à la main sur une manche de robe et, après qu'elle nous avait coiffés, pincé les joues pour nous donner des couleurs, habillés et sermonnés, nous partions dans la Buick 1952, malgré la poudrerie, vers la maison de tante Georgette et oncle Jean-Paul, rue Régent.

Maman, le teint brillant d'une couche de cold-cream bien appliquée, frisée comme un mouton, ayant dormi toute une nuit les cheveux roulés, mèche par mèche autour de bobby pins, portait, sans regret, la même toilette que l'année précédente, un smock de maternité vert émeraude et une jupe noire. Elle avait mis son collier de pierres du Rhin que papa lui avait offert et un peu de rouge à lèvres. Je lui disais et redisais :

– Ah! T'es swell môman avec ton lipstick, tes pend'-oreilles pis ton collier brillant.

Moi, j'étais enchantée de ma robe rose pêche, patinée de chiffon, avec garniture de smocking et manches bouffantes. Même que mère avait dû me remettre à l'ordre une couple de fois tant j'étais remplie d'orgueil.

– Arrête de te pavaner. T'es pas la reine d'Angleterre.

À notre arrivée, ma tante ne tarissait pas d'éloges.

– T'es donc jolie Lysette dans ta parure pis dans c't'e beau rose-là. Comment tu fais Simone? Où tu trouves le temps pour catiner? Avec six enfants pis une grande maison à entretenir, comment t'arrives à coudre, à faire de si belles confections et avoir des enfants si obéissants en plus? T'es ben louable, j'te l'dis, avec toute la trâlée de p'tits que t'as. Tes filles y'ont l'air de vraies bessonnes, pis sont-tu ben tchèquées.

R'garde-moé donc la belle crémone jaune pis le pantalon en étoffe du pays que Réal porte! C'est beau en verrat! Et pis la jupe rouge flare, toute plissée, de Gaëtane, mais comme elle est cute. Ça fait une bonne escousse que j'vous avas pas vus... j'te l'dis qu'ça grandit c'monde-là.

Ma mère souriait. Moment de victoire et de satisfaction pour cette couturière qui avait peiné si fort et pour cette éducatrice familiale, stricte, préoccupée par toutes ses règles et ses exigences. Plus tard, pendant que les grands échangeaient des nouvelles et quelques ragots, cousine Madeleine, âgée de douze ans, décide de me montrer les trésors qu'elle cache dans un coffre de cèdre. Je l'admire.

Elle sort des peintures à numéros, des disques soixante-dix-huit tours, une étole de lapin, des mouchoirs brodés, de belles barrettes pour les cheveux, une photo de Roy Rogers et même une bouteille de vernis à ongles, rouge écarlate.

– Veux-tu que j't'en pose? me demande-t-elle.

– Ah! Chu capable toute seule. J'vas aller l'faire sur la table d' la cuisine.

Bien installée, j'ouvre la bouteille sans peine et commence à me rougir les ongles.

Bientôt... l'accident! Je renverse toute la bouteille sur ma robe, sur la table et sur le plancher. Je prends peur, car j'entends ma mère qui approche à grands pas et qui va assurément me gronder.

– Ah! Mon Dieu! Qu'ossé que tu fais là ma p'tite vlimeuse? J'te l'avais dit de rester tranquille. Tu commenceras pas à m'donner du fil à r'tordre toé, j't'en passe un papier. R'garde la robe que j'me suis désâmée à t'faire. Elle est finie, pis rien qu'bonne à mettre au

garbage... ça s'enlève pu du Cutex. J'peux ben être crin-
quée. T'es assez fouilleuse. Avec toé, faut toute jouquer
en l'air de l'armoire. T'as pas honte un peu ? Pour ta
punition, tu vas devoir rester de même pour le reste de
la journée. Là, tu fais dur pis t'as l'air du diable. Allez
ouste ! Déguerpis si tu veux pas une solide correction
devant tout l'monde.

En effet, j'avais bien honte. J'étais gênée de me
faire disputer devant toute la famille et surtout devant
ma cousine Madeleine. Du salon, l'âme coupable, je
regardais tristement ma tante frotter vigoureusement
son prélart avec de la poudre à récurer Old Dutch. Elle
répétait :

– Calme-toé Simone, y'a pas d'quoi fouetter un
chat. C'est juste une p'tite maladresse pis c't'une enfant,
après tout.

Ah ! Comme mon cœur baignait dans l'eau. Ma belle
robe neuve ! Humiliée, je devais passer la soirée en faisant figure de criminelle, au vêtement taché de sang
rouge vif.

Aujourd'hui, plus de cinquante ans plus tard, ma
petite-fille de deux ans, Florence, joue près de moi. En
entrant dans la maison tantôt, elle était bien aise de
me montrer le vernis à ongles que sa maman lui avait
appliqué la veille, et lorsque je me suis exclamée :

– Ah ! Que c'est beau ! Du vernis rouge sur les
doigts de ma petite chérie... Elle a répondu très rapidement :

– Attention, ça tache !

Et, une fraction de seconde, j'ai remonté le fil de
mes souvenirs et j'ai senti sourdre en moi de vieilles
larmes refoulées.

* * *

Suite à une conversation avec mon frère Guy, un
homme brillant qui possède une mémoire phénoménale,
j'ai écrit le texte suivant. Je le remercie, car je me suis
inspirée de ses souvenirs au sujet de « notre première
télévision »...

En 1953, un Indien a changé ma vie...

Notre famille était réunie devant le nouveau meuble
du salon. Nous regardions la neige danser et virevolter
sur la surface vitrée d'un appareil étrange et Papa, le
regard rieur et les mains agitées, tout dans sa joie de
raconter, nous expliquait ce qu'il savait de la télévision.

   – La tivi, les enfants, ben c'est comme une radio
avec des images. On va voir le monde parler. Mais c'est
encore mieux! On va voir le monde bouger. Imaginez-
vous ça! Des émetteurs vont envoyer des ondes jusqu'à
l'antenne, que j'ai installée sur la maison, la semaine
passée. Après les avoir captées, un tuner va les décoder
puis là, une belle image va apparaître sur la grosse
ampoule de verre...

   – Pa, as-tu déjà vu une tivi en marche? demanda
mon frère, celui que mon père prénommait Boko. Comment des images peuvent entrer dans une boîte? Ça
s'peut pas!

   – Pôpa, est-ce que tu vas allumer le View Master,
pis là, tu vas nous montrer Donald Duck sur la vit' au
lieu de l'montrer su'l' mur, c'est ça? questionnait Tit-Guy.

Mystère ! Nous ne pouvions guère nous imaginer un aussi beau meuble en mouvement. Cela dépassait notre entendement. Après tout, nous n'étions même jamais allés au cinéma.

Et puis, un jour, j'aperçus, une tête d'Indien, en noir et blanc, un vrai miracle, qui remplaçait le fond d'écran neigeux auquel nous nous étions habitués. Hélas, le bonheur fut de courte durée, car l'image s'envola au bout de quelques secondes. Cependant, j'avais maintenant quelque chose à dire au sujet de la télévision et, dans ma joyeuse surexcitation, je répétais :

– Vous pouvez pas savoir comment y'éta beau ! Attendez de l'voir.

C'était à mon tour d'épater la galerie. Mes frères et sœurs m'enviaient, mes amies me jalousaient, j'étais devenue celle qui avait vu l'Indien !

Le soir, pendant que nous mangions la fricassée au bœuf haché, le stew aux légumes et aux glissants, ou les choux bourrés, on cognait à la porte. Nos voisins ou nos amis, après avoir demandé la permission à mes parents, par politesse, s'assoyaient au vivoir et attendaient l'image de l'Indien, comme on attend le train dans une gare, tous assis sagement, l'un à côté de l'autre, sur le sofa. Quelques-uns s'écrasaient dans le creux des fauteuils recouverts de plastique. Peut-être que ce serait leur jour de chance...

– Ça sent bon chez vous, Madame Lapointe. Est-ce qu'y en reste des choux ?

Bien sûr que cette situation causait quelques inconvénients et perturbait un peu l'heure du repas, mais jamais mes parents n'auraient refusé ce simple plaisir de regarder la neige, à la *tivi*, à un enfant ou à Monsieur Picard ou à Madame Brisson.

Plus tard, en octobre 1953, le poste CKSO, de Sudbury, nous présentait, vers la fin de la journée, la plus belle des émissions de mon enfance, qui débutait ainsi : *Say kids, what time is it?* Et nous répondions en chantant... *It's Howdy Doody time, it's Howdy Doody time!*

Que j'aimais Timber Tom, Uncle Chichimus et Clarabell, le bouffon... Je riais aux éclats! Ma mère, elle, était un peu inquiète et, en fronçant les sourcils, faisait des reproches à mon père.

– C'est pas bon pour les enfants, des programmes de même... on leur montre juste des niaiseries. Le clown tombe partout pis ça, c'est quand y'arrose pas les autres ou qu'y'est prend pas par le collet ou le chignon du cou... un vrai fou! Y va leur faire accrère que c'est comme ça qu'y faut se comporter. Les p'tits vont avoir toutes sortes d'idées dans leu tête pis nous autres, on aura pu notre mot à dire.

Elle se tournait vers mon père, cherchant un petit signe de connivence qui ne venait pas souvent, notre père étant aussi épris que nous de cette boîte à images. Pauvre elle qui sentait que sa vie était entravée par une marionnette et un bouffon! C'était bien assez pour perdre son équilibre nerveux! Sa voix s'élevait...

– Tu cognes des clous là... Réveille-toé! Dis queuq' chose René... mets ton pied à terre. Quand c'te show-là joue, j'ai toute la peine du monde à me faire entendre. C'est même rendu que tes enfants veulent manger des toasts pis d'la jam ou leurs Corn Flakes en avant de la tivi. Pis r'garde-moé pas de même avec ton sourire en coin, j'ai raison de monter sur mes grands chevaux.

Trop tard! Nous avions déjà de beaux arguments pour venir à bout des protestations de mère :

– Mom, tous nos amis regardent ça... la maîtresse en a parlé en classe. Elle a dit que la tivi, c'était l'avenir, une invention aussi importante que les aéroplanes, et pis, y-as-tu pensé? Ça nous aide à apprendre l'anglais...

Elle restait silencieuse un moment, et puis elle finissait par baisser les bras. Et le lendemain soir devenait encore *It's Howdy Doody time...*

Plus tard, j'ai été mordue de l'émission *Roy Rogers* et de son cheval Trigger. J'ai passé des heures de ma vie enfantine, plongée dans l'espace magique de l'écran, isolée du reste du monde, sourde aux protestations de ma mère, à suivre les aventures de *Lassie,* de *Mickey Mouse* et de *Rin Tin Tin.*

Mais jamais aucune émission ne m'a tenue autant sous son charme que cette première expérience télévi-suelle, lorsque devant mes yeux d'enfant de sept ans, un magnifique Indien silencieux m'était apparu, le temps de venir changer ma vie à tout jamais.

* * *

Il faut des paroles rassurantes au moment de toutes les expériences nouvelles difficiles, et l'apprentissage de l'écriture en est une, d'une intensité souvent insoupçonnée des proches.

Françoise Dolto, Solitude

La rentrée

Enfant, je commençais à songer à la rentrée, vers la fin du mois de juillet ! Oui, au bout de quelques semaines de vacances au chalet, j'en avais assez de la torpeur et de la paresse des jours chauds, je m'ennuyais déjà de ma routine, de mes amies, de mon école, des cloches, des bruits venant des longs corridors, de l'odeur des craies, du parfum de la cire sur les bancs de bois et de mon autonomie. J'étais impatiente, sans savoir vraiment au juste ce que j'avais hâte de faire, comptant les jours qui s'égrenaient longuement !

Souvent, mes tantes ou mes voisines me demandaient :

– Pourquoi t'as si envie de retourner sur ton banc de classe ? T'es pas ben à la maison ?

Comment leur faire comprendre que copier des mots d'un tableau ou recevoir une dictée de ma maîtresse me donnait encore plus d'agrément que de jouer à la balle ou sauter dans le lac ? Je cherchais les mots, pour leur dire, pour articuler cette ivresse que j'éprouvais à découvrir, en même temps que d'autres copines de classe, qu'il fallait dire « ils étaient » et non « y sontaient ». Je leur montrais la belle image sainte que j'avais reçue en récompense, des mains mêmes de Mademoiselle Robineau, cette femme au sourire doux et à l'éclat de miel dans la voix. J'avais su bien répondre à toutes les questions du petit catéchisme. Je me demandais si mes interrogatrices pouvaient deviner l'importance de cet objet sacré pour moi. Comment leur expliquer aussi que mon cœur sautait de joie lorsque notre enseignante, à l'expression avenante, nous donnait des leçons de calligraphie ?

– Tenez votre dos droit les enfants. Non, pas comme ça... toi, t'es trop raidie. Votre bras, jusqu'au coude, doit être sur le pupitre, mais laissez votre coude dépasser un peu... Non, non, toi tu te penches trop là... puis rentre ta langue... Regardez Paul ici. Vous voyez, c'est très bien. Entre ses yeux et sa feuille... y'a de l'espace. Faut pas avoir le nez collé sur votre papier. Attention Jeanne ! Tu pèses trop fort sur ton crayon, tu vas trouer ton papier et toi, Lorraine, tu fais des pattes de mouche. Applique-toi davantage. C'est parce que t'es pas bien assise ; il faut avoir les deux pieds sur le sol. Regarde Richard. Bravo Paulette, belle écriture soignée.

Un refrain me revient...

Je t'écris de la main gauche
Celle qui n'a jamais parlé
Elle hésite, elle est si gauche
Que je l'ai toujours cachée[3]

---

3. Paroles : Danielle Messia. Musique : Danielle Messia, Jean Fredenucci, 1998, *Des milliards de choses.*

Même si j'étais ambidextre et que je devais corriger le fait que j'écrivais trop souvent de la main gauche, car, d'après les grands, je me servais de la méchante main, je vivais joyeusement à l'école. Aujourd'hui, j'ai un peu de pitié pour cette petite moi-même qui devait se faire corriger, mais à vrai dire, c'était un problème de lettre et d'encre qui n'était pas insurmontable et qui me permettait d'avoir toute l'attention de l'institutrice pendant quelques minutes.

Malgré les blessures, de si beaux souvenirs remontent à la mémoire! Des étoiles dorées dans les marges de mes cahiers, le papier brun dont je recouvrais mes livres et mes crayons que j'aiguisais, le moment du coloriage ou du bricolage le vendredi après-midi, le cadran argenté qui marquait les heures trop vite, le fait d'être conviée au tableau noir au-dessus duquel on pouvait lire la devise du Canada *A mari usque ad mare.* Et surtout l'heure du conte, que meublaient *Blondine et les ours* ou *Le petit pêcheur,* que j'écoutais sans broncher. Que dire des fous rires de complicité enfantine à babiller sous le couvert de nos pupitres ou à se passer des billets secrets d'une main à l'autre. Et Madame qui s'exclamait :

– Les filles, arrêtez de ricaner. Qu'est-ce qui vous prend à matin?

C'était essentiel pour moi d'avoir des amies, des modèles à suivre! Normande me donnait le goût de me perfectionner en dessin, Yolande écrivait remarquablement bien au tableau, Lorraine connaissait ses tables à la perfection et Cécile excellait en arithmétique. Quel enthousiasme nous avions ensemble à trouver les solutions à certains problèmes :

Une fillette consacre à une bonne cause les deux tiers de son argent; elle reçoit ensuite un cadeau, une somme égale aux trois quarts de l'argent donné et alors, elle possède soixante-dix dollars. Trouver le montant qu'elle avait au départ.

Toujours est-il qu'à l'âge de sept ans, j'avais déjà pris une grande décision. Mystérieux, cet appel de mon cœur. C'était clair, je passerais ma vie dans une école, à rechercher l'ambiance de ce lieu de vie, je deviendrais enseignante et je vivrais année après année, lorsque l'automne s'annoncerait, le grand énervement de la rentrée. Ce serait si bon d'être celle qui dictait la ligne de conduite.

Enfin, pour tout dire, la veille du premier jour de classe d'une toute nouvelle année scolaire, je ne dormais pas beaucoup. Surexcitée, je repassais dans mon cœur tout le plaisir que j'aurais à choisir ma tenue du premier jour, à humer l'air frais de septembre, à rencontrer ma nouvelle maîtresse, à revoir les autres écoliers vieillis d'un coup pendant l'été, à raconter mes anecdotes glanées au fil des jours chauds et à sauter à la corde dans la cour de la récréation, en faisant attention, bien entendu, de ne pas abîmer mes nouvelles chaussures, et en entonnant :

> *Qu'est-ce que j'aime? C'est de la crème*
> *Qu'est-ce que j'haïs? C'est de la bouillie...*

J'aurais peut-être la liberté de me choisir un pupitre à côté de celui de Cécile ? Je jubilais à la pensée de recevoir ces nouveaux livres qui nous attendaient dans les étagères fermées par des portes vitrées, rangés tout près des livres à tranche dorée et à reliure rouge. Surtout, j'étais impatiente de copier la liste des effets scolaires. Aurait-on le droit cette année d'avoir de l'encre turquoise pour notre plume fontaine ? Ah ! La réso-nance en moi du moment où l'enseignante écrivait au tableau : un crayon HB, une gomme à effacer Pink Pearl, cinq cahiers Hillroy, des crayons de cire Crayola, un aiguisoir, une plume Scheaffer et de l'encre noire... Tous ces objets représentaient pour moi un nouveau départ, une occasion de faire encore mieux que l'année précé-dente et je me sentais soudainement prête à étudier assidûment, à atteindre de nouveaux sommets tel un alpiniste, j'imagine, qui gravit une montagne.

Aujourd'hui, j'ai une boîte dans laquelle dorment quelques débris d'enfance et des images saintes, ayant l'allure d'antiquités avec leur papier jauni, mais qui me tiennent lieu de mémoire, étant témoins d'une tranche de ma vie. Je les montre, avec émotion, à mes petits-enfants, à l'occasion. Je sais que ma voix avec son tré-molo sentimental trahit un peu le fond de mon cœur qui regrette cette page arrachée de mon enfance.

– Regardez ici, mes trésors, c'est l'image de sainte Cécile, patronne des musiciens, et de saint Nicolas, le patron des écoliers...

Et lorsque vient le moment de la rentrée, il n'est pas rare que je longe les allées des grandes surfaces à la recherche de nouveaux cahiers, de collants repré-sentant des têtes d'angelots, et de diverses plumes à encre dorée, noire ou bleu turquoise. Après tout, j'ai trouvé une nouvelle façon de retourner à l'école. J'écris des histoires enfantines et, depuis quelques années, je me promène d'un bout à l'autre du pays en racontant mes histoires de toutous, de vache volante, de canards punis ou de princesses amoureuses...

* * *

Sur la route de la maison

Tous les soirs, mon sac en bandoulière, je marchais, de l'école Immaculée Conception à la maison, en compagnie de ma bonne amie, Cécile Guindon.

Très souvent, nous nous arrêtions chez Pivato's pour acheter des boules noires ou des bonbons et un cornet de crème glacée à la vanille maison.

— J'veux un cône avec un rouleau Mélorol de crème à glace. J'vas prendre un kiss aussi s'il vous pla.

— Moé, j'veux d'la réclisse noire pis un pop. Ôtez l'cap s'il vous pla.

Contentes, nous reprenions la route en savourant nos friandises, en buvant nos boissons sucrées et en papotant.

— J'aimas les ch'feux d'la maîtresse aujourd'hui. Toé?

— Oui, ça y fait ben un French roll. Mais j'étas choquée quand elle m'a mis deux fautes dans ma dictée. C'est pas juste. J'avas seulement oublié des virgules.

— Deux fautes, c'est rien! Le grand Gilles en a eu huit, lui!

— Moé, Gilles, cé pu mon chum. T'sé-tu quossé qu'y'a faite? Y'a toute magané son pupitre. Y garroche des effaces aussi. Y'é trop bébé pis y'é toujours dans l'trouble.

— Y'é palote pis y parle mal itou. Y dit des gros mots. Aujourd'hui, sa ch'mise à matcha même pas ses culottes en corderoy.

– Ouen ! Pis y'a l'air de ben aimer Gertrude, y'est stoqué sur elle, une vra tache de graisse. Moé j'l'aime pas Gertrude. J'la trouve bavasseuse pis a l'air colonne avec sa robe fleurie. Tiens... tournons à drette.

En peu de temps, grâce à nos conversations captivantes, nous étions rendues à l'église de l'Annonciation, là où Jésus recevait nos tendres aveux. Le Bon Dieu, c'est ainsi qu'on nous l'avait présenté, nous attirait dans sa maison. En effet, nous aimions beaucoup aller faire notre chemin de croix, c'était plus intéressant que la grand-messe en latin du dimanche.

Les portes étaient ouvertes, quelques fidèles étaient agenouillés, d'autres achetaient des lampions et certains se préparaient à se confesser. Parfois, aussi, le beau Gilles de nos conversations était déjà là avec les frères Gagnon. Une odeur d'encens chatouillait nos narines impressionnables et nous faisait éternuer. Les garçons se retournaient alors pour nous voir entrer.

À chaque station, nous nous arrêtions pieusement en lisant notre missel. Nous marmottions : « Jésus est condamné à mort... alors, Pilate le leur livra pour être crucifié... Seigneur, ayez pitié. » Fatiguée de s'agenouiller et de se relever, Cécile attrapait toujours le fou rire vers la huitième station.

Il faut dire que Gilles, Normand et Richard nous talonnaient et qu'ils s'amusaient à imiter le signal du claquoir en tapant dans leurs mains ou à nous tirer le bout des cheveux. Nous faisions semblant d'être très offusquées, c'était le jeu, et nous murmurions :

– Aye ! Arrêtez ça. Vous êtes ben tannants. Lâchez d'nous étriver. Vous allez défaire nos tresses...

Nos rires joyeux trahissaient notre intérêt.

Le père Michaud se retournait et nous faisait alors les gros yeux. Parfois, il nous rabrouait gentiment.

Après avoir passé une bonne demi-heure peut-être à prier, sans trop de ferveur ou de conviction, chapelets de nacre entrelacés entre nos doigts, il était temps de s'acheminer vers la maison.

C'était si bon de déambuler auprès de cette compagne de classe, de s'arrêter, de ramasser les boutons d'or et les marguerites qui bordaient le chemin. C'était un merveilleux mille à pied de confidences, de découvertes, de partage et de chansons.

Sur la route de Dijon,
La belle digue di
La belle digue don

Nous ne pouvions pas nous séparer facilement, Cécile et moi, emballées que nous étions d'être ensemble et sous l'emprise du miracle de notre belle amitié.

Il fallait bien aussi échanger et compléter nos collections de billes, ou de barrettes, ou d'images saintes...

– Si tu me donnes sainte Bernadette, j'vas te donner Kateri Tekakwitha.

– J'voudras sainte Cécile...

– Non ! Elle, j'la garde... j'l'aime trop.

Je m'amusais aussi à ressusciter mes rêves, les parfaire, les compléter. Ma meilleure amie du monde, elle, me vantait son chat Minou, me décrivait son déguisement pour la prochaine pièce de théâtre de la classe ou me confiait la combinaison de son journal intime.

– Juré, craché, j'le dirai pas.

Le temps filait, coule le temps. Nous nous en contions des belles. Mes chagrins devenaient les siens et je portais ses peurs de fantômes ou de revenants en mon cœur d'enfant. Elle tremblait rien qu'à parler du Boogie Man ou de son père qui rentrait ivre à la maison. Les paupières rougies d'avoir pleuré, chacune très sensible aux drames de l'autre et à ses propres drames, nous retrouvions pourtant la joie de la journée en très peu de temps. Ah ! Que vivent toujours les grands émois des petites filles de dix ans, leurs frayeurs chimériques, leurs secrets et leurs consolations !

Un soir, rentrée tard à la maison, ma mère, irritée contre moi, ne comprenant pas du tout mes grandes explications, bondit et me fit des récriminations sévères :

– Chu pas l'frère André, moé, pour deviner ousque t'étas. Là, y'a toujours ben une limite. L'école finit à trois heures pis y'est rendu cinq heures. J'étas pour phoner la police. T'aurais pu t'en v'nir pour m'aider un peu. T'es pas raisonnable ! À partir de maintenant, tu vas rentrer directement à la maison, t'en v'nir tu-suite à la cloche. J'veux pu t'voir flâner en route avec ta Cécile Guindon pis j'veux pu t'entendre me raconter des histoires à coucher dehors.

– Non môman ! Écoute ! J't'en supplie. J'vas arriver plus tôt, j'te l' promets. Fais pas ça ! J'vas m'en v'nir plus vite, tu vas voir !

Je ne sais pas si maman, voyant ma mine terrifiée, a compris comment cette marche enfantine avec Cécile m'était vitale, mais elle a accepté de négocier avec moi.

– T'as besoin d'être icitte à quatre heures, pas une minute plus tard, parce que si tu recommences, tu vas voir ma fille, tu vas rire jaune.

Ouf ! Je l'avais échappé belle.

À partir de ce jour, en revenant de l'école, arrivé presque quatre heures, j'étais très consciente que si je m'attardais encore quelques instants avec ma chère

Cécile, je risquais de la perdre à jamais... Si je n'obéissais pas à la montre, il n'y aurait plus de Pivato's, plus de chemin de croix, plus de fleurs à chérir, plus de secrets à cueillir.

Lorsque je repense à Cécile, après tant d'années, je la revois dans cette dimension intemporelle de nos vies, lorsque nous marchions dans l'ombre l'une de l'autre, sur la route de la maison, le cœur s'ouvrant au monde, au rythme de nos mélodies et de nos pauvres mots blessés de ce coin de pays.

* * *

À l'école Immaculée Conception de Sudbury, en 1956
Photographie : collection personnelle de l'auteure

Belle saison

Mon enfance fleurie

Un père pure laine

À huit ans, après une visite du dimanche chez ma grand-mère, il m'était venu le goût de tricoter. Elle m'avait offert un vieux sac fleuri, rempli de retailles de tissus, de boutons, de quelques fuseaux de fil et, au fond, une paire d'aiguilles et un reste de pelote de laine rose. Je me disais, avec raison, que la meilleure façon d'apprendre à tricoter était de demander à un adulte de me montrer comment m'y prendre.

– Papa, comment on fait pour enfiler ma balle de laine sur les broches ?

Je croyais en mon père et en ses talents. Ne savait-il pas tout faire ? Je le trouvais si fort, si savant et si habile que je n'avais pas hésité un seul instant à le consulter. Ma mère, elle, était couchée, malade.

– Qu'est-ce qu'elle a, môman ? Pourquoi elle reste couchée ?

– Ta mère fait une révolution de bile... Y faut pas la déranger ou faire du bruit. Viens, j'vas te montrer comment monter tes mailles. J'ai souvent vu la mienne, ma mère, le faire...

Papa, homme robuste, posa les deux aiguilles sur son gros ventre, fit un nœud dans la laine et, comme s'il avait tricoté toute sa vie, il m'expliqua, d'une voix assurée, la bonne technique.

– D'abord, tu accotes tes broches sur ta bedaine. Tu commences par un nœud, puis tu l' passes sur ta broche gauche. Tu rentres le bout de la broche droite dans la boucle et, de ta main droite, tu passes la laine par-dessus la broche droite pour bien former une boucle. Après, ben... tu retires le bout d'la broche droite pour faire une maille que tu vas transférer sur la broche gauche.

Je ne comprenais presque rien à ses explications, mais je l'observais attentivement...

– Tu piques ensuite la broche droite entre les deux anneaux, tu passes la laine su'l' bout de l'autre broche... tu formes tes mailles en les entrelaçant avec les premières... Pis le tour est joué.

Et il continua à m'expliquer la façon de faire jusqu'à ce que j'aie environ vingt ou trente mailles sur mon aiguille.

Enfin, ce fut à mon tour d'essayer. Je plaçai les deux aiguilles sur mon ventre, ainsi que père me l'avait montré et, en peu de temps, ô merveille, je tricotais.

Je répétais, d'une voix excitée et heureuse...

– C'est facile! Chu bonne!

Je ferais d'abord un foulard à papa, ensuite des pantoufles pour ma mère et peut-être des mitaines ou un bonnet pour ma petite sœur, un châle pour le bébé...

Je rêvais d'être une grande tricoteuse telle Mémère Lachance qui, elle, passait ses journées en travaux d'aiguille. J'admirais ses créations de dentelles et de frivolités.

Parfois, elle me faisait des collets ou des poignets de robes et mon institutrice disait toujours : «Ta grand-mère a des doigts de fée...»

Le lendemain de cette leçon de tricot, maman, même si elle avait encore le teint verdâtre, avait réussi à s'extirper du lit et elle semblait aller beaucoup mieux. J'en profitai pour lui montrer mon travail et mon talent. En fronçant les sourcils, elle s'exclama :

– Mais où as-tu appris à tricoter ? On plante pas les broches sur notre bedon... aye ! pis tu tiens ta laine ben trop serrée... T'es ben gauche ! Viens que je te montre comment faire.

Au risque d'avoir maille à partir avec ma mère, je refusai.

Par fidélité à mon père ou par entêtement, je garderais les techniques qu'il m'avait enseignées. Après tout, comme je l'affirmai :

– Oui, mais Môman, ça marche !

Plus tard, au secondaire, mon enseignante d'économie domestique voulut aussi me corriger. Rien à faire !

Aujourd'hui, je tricote encore très lentement, toujours à l'endroit, avec les deux aiguilles bien posées sur mon abdomen.

C'est un rituel que j'accomplis en mémoire de feu mon père et je sais très bien que personne ne dira jamais que j'ai des doigts de fée.

D'ailleurs, j'ai oublié les frivolités... pas pour moi !

Je préfère tricoter, comme autrefois ma grand-tante égrenait son chapelet lorsqu'elle avait besoin d'un peu de repos... mes doigts bougent et mon âme médite. Je pense à mon père, à cet après-midi de mon enfance où, assise près de lui, j'ai appris à monter des chaînettes de patience et de tendresse. Ce souvenir me réchauffe le cœur plus qu'un gilet ou une veste bien faite et je remercie le ciel pour ce père pure laine.

* * *

Bonjour Zoutte,

Ahhhhhhh! quel bon texte... c'est merveilleux tes souvenirs... J'aime cela au bout!!!!

Pour moi, tu fais revivre Pop et Mom. Merci pour le beau cadeau! ... c'est tout à fait conforme à la réalité. Mon Dieu que tu me fais revivre des ambiances de mon passé! ... ton père et ta mère aussi seraient bien heureux de te lire. C'est comme cela que c'était... tu as raison... tu as toute une mémoire. Keep them coming in.

Bye de ta sœur, la Franglaise,
Lynne

La faim dans l'char

Souvent le dimanche, et surtout lorsque la pluie faisait résonner les dalles sur le toit, ma mère regardait mon père et, d'un ton assez mielleux, elle l'enjôlait :

– Viens René! C'est plate ! Y mouille à siaux. On va amener les p'tits faire un tour de char, ça va leur faire du bien, y'ont la fale basse, pis toé, t'auras pas à les guetter pendant que j'fais l'dîner parce qu'on va arrêter au Snack-bar.

Peut-être qu'une telle activité peut sembler plaisante, reposante même, mais quand il y a neuf enfants, et que l'aînée a douze ans, c'est toute une aventure. Nous étions six à nous entasser à l'arrière de la grosse Buick 58, et mes parents en logeaient deux à l'avant, entre eux. Ma mère assoyait le bébé Louise sur ses genoux.

Presque chaque fois, mon père prenait pitié de notre chien Prince et, à la toute dernière minute, le faisait monter. En riant, papa lançait un All aboard ! et nous filions, boulevard Lasalle, en route vers le Paris Booth, un casse-croûte à quelques kilomètres de notre chez-nous.

À l'époque, il n'était pas question de ceintures de sécurité ou de sièges d'auto pour les petits. Nous étions rangés l'un contre l'autre et, inévitablement, la chicane commençait.

— Môman, depuis qu'on est embarqué dans l'char, Claude arrête pas de chanter pis Réal me pousse par exiprès.

— C'est pas vrai braillarde ! C'ta une joke. Cé-t-elle qui prend toute la place pis a m'a donné une claque ! se défendait l'un pendant que l'autre ajoutait :

— Arrête de bavasser ! C'est toé qui é craquepotte pis qu'y' as commencé à m'tapocher.

Ma mère se retournait, l'air contrarié, nous faisait les gros yeux et gourmandait les fautifs, ayant même recours à quelques menaces :

— Si vous arrêtez pas de vous chamailler, de vous poussailler pis d'nous bâdrer avec des niaiseries, on va retourner chez nous, j'vous en passe un papier mes p'tits malcommodes. Modérez vos transports pis arrêtez votre agaçage, pis votre tiraillage. C't'assez pour que j'me ramasse folle aux loges. De grâce, calmez-vous gang de p'tits snoreaux ou j'vous avertis, vous allez vous faire chauffer les fesses.

Prince jappait une fois ou deux et, s'il avait pu parler, je crois qu'il aurait dit :

— Déniaisez-vous pis taisez-vous, écoutez votre mére parce que moé, j'veux continuer la balade.

Il faisait chaud, sœur Gaëtane ouvrait la fenêtre. Frère Guy se faisait donc mouiller, alors il décidait de la fermer. Un des petits fouillait dans la boîte à gants ou allumait la radio, l'autre changeait le poste, les essuie-glace tapaient la mesure. Mon père décidait de fumer une cigarette Sweet Caporal, le bébé hurlait parce qu'il perçait des dents...

Enfin, nous arrivions à destination.

Après avoir garé la voiture, Papa faisait semblant de prendre les commandes, car il devinait l'impossible tâche, mais, en même temps, il voulait bien nous faire plaisir.

— Avez-vous faim les p'tits ? Qu'est-ce que vous voulez ?

— Moé, j'veux un hot dog et pis des frites.

— Moé itou ! Mais pas d'moutarde. Un milkshake aussi, au chocolat...

— Pas moé. J'veux un hamburger avec du ketchup, pas d'oignons pis un pop.

— J'veux just'une orangeade. J'ai trop mal au cœur en machine.

— Moé, j'voudras un sundae au butterscotch.

Mon père nous rappelait qu'il fallait attendre notre tour. Or, selon le dicton, ventre affamé n'a pas d'oreilles. Devant les enseignes de néon tout illuminées, nous avions les yeux plus grands que la panse. Soudain, faisant semblant d'avoir tout compris, papa nous laissait là, et il se rendait au comptoir. Après quelques minutes, ma mère m'envoyait toujours le rejoindre, j'étais chargée d'un message :

— Môman dit de pas oublier le crème soda rouge pis elle veut que tu leur dises de bien faire cuire les saucisses.

Fière de moi, je retournais l'attendre, à l'abri, sans jamais penser qu'il aurait peut-être besoin d'aide pour transporter les casseaux de frites ou les colas.

Papa revenait, les cheveux et le visage tout trempés, les bras chargés de cornets, de boissons gazeuses, et d'une boîte en carton remplie de surprises. Fidèle à lui-même, il en achetait toujours trop; je crois qu'il avait peur d'avoir à y retourner. De toute façon, en compagnie de ce généreux papa, c'était toujours l'abondance. Il distribuait ses achats en essayant de nous habituer à quelques mots inusités qui nous faisaient pâmer de fous rires :

– Un chien-chaud pour Colette, une bière d'épinette pour Marc, un maïs soufflé pour Lynne... Mon père venait de Ste-Herménégilde des Cantons de l'Est, au Québec, et il était fier de ses origines. Il s'attristait de nous entendre parler le franglais et, lorsqu'il en avait l'occasion, il prononçait un sermon sur la beauté de notre langue ou encore, il cherchait à enrichir notre vocabulaire.

– Pôpa, t'as oublié la relish sur mon chien chaud pis le bun est tout trempe.

– Moé j'aime pas ça du gravy sur mes patates frites. Pôpa, c'est pas ça que j'avas d'mandé, c'est un hamburger que j'voulas! Aye Claude, t'es ben saffe toé...

– Pis toé t'es quiqueuse.

– Vite, ça presse! Y'as-tu une toilette icitte? Lynne a veut y'aller elle itou.

Parfois j'observais mes parents qui hochaient la tête, se faisaient un clin d'œil ou s'esclaffaient. Je ne comprenais pas pourquoi ils avaient ces folles envies de rire. Aujourd'hui, je comprends mieux. Pauvres parents! Leur tour de char était devenu cauchemar et, dans une belle complicité, ils prévoyaient déjà leur retour à la maison.

Ma mère, en soupirant un peu, chuchotait :

– J'pense qu'on devrait retourner à la maison. Les enfants tortillent pas mal, y'ont des frémilles dans les pattes, c'est normal, y'ont besoin de courir. Ma foi ! Y va falloir laver les sièges pis pour finir le plat, l'chien a l'air d'avoir envie d'pipi, lui itou. Qu'est-ce que t'en penses René ? Es-tu assez r'posé ?

Je ne savais pas ce que père voulait dire lorsque, parfois, il répondait, d'un air moqueur :

– Il faut pas être fou pour faire un tour de char avec neuf enfants pis un chien, hein Simone ? Mais ça aide !

* * *

Lorsque je vois un livre, je ne peux m'empêcher de m'écrier : « Ça va être bon ! Mmmm, ça va être bon ! J'ai hâte ! »

Lysette Brochu, Myriam, la dévoreuse de livres

Histoire de liseuse

Comment suis-je devenue si amoureuse des livres ?

Eh bien, je suis entrée en lecture à l'âge de sept ans.

Réservée d'avance à ce destin, étant baptisée Lysette (depuis ce jour, lorsqu'on dit mon nom, moi, j'entends LIS) j'ai grandi néanmoins sans livres, jusqu'au jour où ma vocation de liseuse me fut révélée par ricochet.

Madame Carrière enseignait le piano et, ironie du sort, rien ne la désignait pour semer le germe de la bibliomanie dans le cœur d'une enfant. Un samedi matin, accompagnée de ma sœur Gaëtane âgée de six ans, et de mon frère Réal, d'un an son cadet, j'étais arrivée chez cette femme encore inconnue qui devait devenir notre professeure de piano.

Arrivés chez la Madame pianiste, rue Lavoie, après avoir marché joyeusement la distance de sept pâtés de maisons et un peu saisis par le froid de ce mois de janvier mil neuf cent cinquante-trois, nous avons été admis dans un salon sombre, où régnait un piano noir, démesurément grand, un haut canapé marron, recouvert d'un plastique transparent, un fauteuil vert feuille, une lampe de table et une imposante étagère à rayons, garnie de livres disparates.

Madame Carrière, une maigrichonne pincée, semblait hors contexte, dans sa jupe plissée écossaise jaune et son corsage bleu poudre.

– Mettez votre linge sur la patère en arrière de la porte pis vous deux... oui, toé, pis toé... allez vous asseoir sur le chesterfield. À matin, on va embrayer avec la plus vieille.

Elle m'orienta vers le piano en me poussant dans le dos de son index pointu. Je m'installai docilement.

Elle s'assît à côté de moi et commença immédiatement à me tapoter les mains. Sans hésiter un seul instant, les sourcils froncés, tout en examinant mes doigts comme on inspecte un bibelot avant de l'acheter, elle me cingla impitoyablement de la remarque suivante :

– Tu feras jamais une pianiste, toé... T'as les doigts ben trop courts.

Après cette déclaration, qui me semblait définitive et prophétique, atteinte dans mon orgueil de pianiste en herbe et dans mon noble désir de perfection, je n'écoutai plus ses consignes. Je n'entendis plus ses instructions et explications. J'avais déjà capitulé devant ses remarques.

À quoi bon apprendre à jouer du piano médiocrement ? À quoi bon même essayer ? Tout dépendait de la longueur des doigts et les miens ne répondaient pas aux critères requis. Défaite d'avance, démotivée, je subissais, à partir de ce moment, ma première leçon de piano de la même façon que l'on subit un vaccin, avec résignation et courage. Dorénavant, je serais immunisée contre toute rêverie musicale. Au bout de vingt minutes interminables de do, ré, mi, fa, sol, la, si, do... elle m'envoya, à mon grand soulagement, me reposer sur le canapé plastifié.

Pour oublier l'outrage et pour me distraire un peu, je pris l'initiative d'étudier les titres des livres qui se trouvaient sur les étagères de bois, le long du mur, à ma droite : *Sans famille, Étoffe du pays, Les Anciens Canadiens, Bonheur d'Occasion, Eugénie Grandet...* et sur le rayon du bas, *Légende dorée de mes filleuls, Les aventures de Perrine et de Charlot, La petite Fadette, L'enfant perdu et retrouvé, Les quatre filles du Dr March* et...

Coup de foudre ! Je n'arrivais plus à me détacher de ces gros et petits volumes, les dévorant des yeux.

En retournant chez moi, ce jour-là, je caressais, près de mon cœur, ce livre qui m'attirait plus que tous les autres, écrit par la Comtesse de Ségur, *Les petites filles modèles.*

Madame Carrière n'avait pas su résister à ma demande :

– Voulez-vous, s'il vous pla Madame, me prêter c'te livre là? J'vous-en prie Madame...

Et, que la Vie le lui rende, elle avait accepté de me laisser l'objet de mon désir, en articulant à peine quelques mots de mise en garde :

– Fais-y attention pis, rapporte-le la semaine prochaine. Mon mari passe son temps à ramener de ses voyages, des livres à Monique... qui les lit même pas. Ma fille a autre chose à faire, elle, que de passer sa journée le nez dans un livre. Reste qu'y sera pas content si tu le déchires. Il va peut-être me reprocher de t'avoir fait confiance.

C'est ainsi que je suis devenue une liseuse et en rêve, je me voyais déjà, rendue grande, avec une boutique que j'appellerais «L'heure de la lisette ». Toutes les semaines, pendant deux ans, j'endurerais de pianoter vingt bonnes minutes dans cette pièce à l'allure vieillotte, pour le plaisir de repartir avec quelques livres, de tous les genres, empruntés à la bibliothèque de la famille Carrière.

Ma relation boulimique avec les livres débutait. J'ignorais qu'elle deviendrait alliance sacrée ! Amour fou ! Folie d'évasion ! Obsession maniaque !

Je ne savais pas, non plus, que mes doigts étaient parfaits pour tourner des milliers de feuilles... et je ne me doutais certainement pas, qu'un jour, je pourrais dire comme Chateaubriand :

« Mes livres ne sont pas des livres, mais des feuilles détachées et tombées presque au hasard sur la route de ma vie. »

* * *

Bonjour Lysette,

Il n'y a pas de hasard dans la vie. Grâce à cette anecdote survenue au bon moment, surtout grâce à la détermination et au courage de ton père, je sens que tout est possible. Oui, je peux réussir comme ton père l'a fait!

Merci, bonne journée.

Une lectrice fidèle,
Louise

Notre maison, notre chez-nous

Mon père, qui n'avait jamais eu la chance de s'instruire, était, au début des années cinquante, serveur de table dans un hôtel. S'il n'avait qu'une troisième année scolaire, il se débrouillait quand même très bien dans la vie. Autodidacte, il passait ses soirées à lire les journaux et à étudier l'encyclopédie universelle Grolier.

Pendant toutes les années de la Seconde Guerre mondiale, il était descendu dans les mines de nickel, là où il ne voyait jamais le jour. Lui, homme de lumière et de vie, s'était sacrifié pour le bien-être de sa famille.

Maintenant, employé de l'Hôtel Frontenac, car il ne supportait plus de travailler sous terre, il accueillait les clients, les conseillait, prenait leurs commandes et servait les plats et les boissons. C'était, malgré tout, difficile de joindre financièrement les deux bouts, même avec les pourboires qu'il recevait. Déjà père de six enfants, il devait être bon pourvoyeur.

Alors, afin de s'aider un peu, il vendait des montres, tout en servant la bière. Il levait la manche droite de sa chemise et il montrait la marchandise :

– Vous n'auriez pas besoin d'une belle montre, par hasard ? Regardez celle-ci ! Elle tient l'heure comme un p'tit moine, et elle coûte pas chère pantoute.

Il en vendait tellement que ses amis, en badinant, lui disaient :

– Ha ! ha ! ha ! René, tu perds ton temps avec des montres. La maniére que tu barguines, tu devrais vendre des fridges aux Esquimaux ou des bebelles au Père Noël.

Un samedi soir, en plein hiver, un incendie se déclara dans l'établissement. Sur le pavé, les employés regardaient le Frontenac brûler.

Mon père, toujours rapide en affaires, aperçut, de l'autre côté de la rue, une enseigne qui disait : Patterson Real Estate.

Il sut immédiatement ce qu'il avait à faire. Tôt le lundi matin, il se présenta chez ce courtier en immeubles. On lui expliqua, en long et en large, qu'il aurait à étudier, à passer des examens, à perfectionner son anglais. Mission impossible, d'après le monsieur en cravate.

– I say it with regret. You don't have any schooling and your English is frankly not sufficient for you to be part of our staff[4].

_____

4. Je le dis à regret. Vous n'avez pas de scolarité et, vraiment, votre anglais n'est pas assez bon pour que vous puissiez faire équipe avec nous.

Déterminé à faire sa place dans le domaine de l'immobilier, père releva le défi.

Je me souviens encore de lui, assis au bout de la table chromée, dans la cuisine, en train de se creuser la tête devant des chiffres et des livres en anglais. Il prenait son futur rôle de vendeur immobilier au sérieux.

D'ailleurs, au bout de peu de temps, un diplôme apparut sur nos murs : René D. Lapointe, Real estate broker. Père avait même son *office*. Étant donné son flair pour les affaires, notre style de vie allait bientôt changer. Papa vendrait tant d'immeubles que nous passerions les années suivantes à déménager, d'une maison à une autre, plus spacieuse, plus luxueuse, plus moderne ou plus neuve.

De notre bloc trois logis, rue Montagne, nous sommes passés à une maison à deux étages, dans le secteur du Moulin à fleur, puis à une autre superbe maison en stucco, rue Régent, à une propriété moderne, boulevard Lasalle, à un magnifique bungalow neuf de quatre-vingt-deux pieds de façade, rue Lavoie, et puis vint le grand déménagement à Ottawa.

Les maisons deviendraient sa carrière et sa passion.

Très souvent, le soir, après souper, il emmenait sa famille visiter des maisons à vendre :

– Vous savez l'appointement qu'j'avais après-midi ? Ben v'nez voir la belle propriété que j'ai listée. C'est vraiment une bonne deal.

Il riait de nous voir nous extasier devant le saule pleureur du jardin ou la fontaine dans le fond de la cour. Et il nous enseignait comment prendre soin des choses.

– Remarquez les beaux murs de plâtre, les enfants. Salissez rien. Mettez pas vos marques de doigts partout. Pis ôtez vos souliers pour marcher dans l'salon. Le tapis mur à mur est pâle, couleur saumon, pis, y faut y faire attention. V'nez! J'vas vous montrer la salle de jeu...

Bientôt, il nous avait vendu l'idée d'y habiter. Nous choisissions nos futures chambres au moyen de « ma petite vache a mal aux pattes... », nous placions et replacions les meubles, courant d'une pièce à l'autre, et les murs nous renvoyaient l'écho étrange de nos pas et de nos cris d'allégresse.

– Les filles vont coucher icitte, pis les gars dans la chambre bleue. La visite pourra coucher sur le lit pliant rangé en dessour de la corniche. Papa pis maman pourraient mettre la bassinette là-bas... Y'a même une place pour le buffet d'cuisine, la repasseuse électrique ferait dans le coin à côté d'la machine à tordeur, pis le moulin à coudre pourrait aller drette là, proche du gros tiroir à cochonneries[5]... Aye! V'nez voir, y'a une chute à linge.

Comme mon père, nous étions emballés à l'idée d'un déménagement.

Ma mère, craignant d'avoir à porter le poids d'une décision aussi importante, mettait des bâtons dans les roues.

– Oui, mais des armoires en tôle, j'aime pas trop ça. Y'a trop de marches itou. L'escalier de la cave est ben à pic, les p'tits vont débouler, guéligne-guélagne en bas des marches... Quand y's lâchent lousses eux autres, tu sais qu'y'a rien pour les arrêter...

C'était sérieux. Tout à coup, dans le chahut, on entendait la voix basse de papa dire :

---

5. Tiroir contenant les choses sans valeur qui traînaient un peu partout: la ficelle, des crayons, une paire de ciseaux, des timbres, une gomme à effacer, un marteau, des cartes, des chandelles, des élastiques, etc.

– Arrêtez de faire du train les enfants, j'parle à votre mère. Simone, avec le temps, j'vas te poser des belles armoires en bois. On pourrait mettre une porte-accordéon ou une clôture en haut de l'escalier. T'as toujours aimé deux lavabos, y'en a deux, pis les champlures coulent mieux que celles qu'on a. C'est plus qu'un adon si j'ai cette propriété à vendre. J'pense que c't'une maison qui nous revient. On pourrait peinturer ou poser de la tapisserie dans la cuisine, quossé qu't'en dis ? Me semble que j'te vois, dans la chaise berçante sur le perron. As-tu vu la belle fenêtre ?

Et de son air taquin, il ajoutait :

– Même la cheminée est assez grande pour le Père Noël !

– C'est vrai qu'y'a un beau picture window, répondait ma mère, un peu perdue dans ses pensées. On pourrait r'garder le ciel s'allumer d'étoiles, pis j'aime ben le plancher de linoléum, en tuiles turquoise, dans la cuisine. Y'a ben des plogues itou, c'est ben commode pour le toaster pis le canard. Deux sinks, c'est ben pratique. J'baque pas. Y faut qu'j'y pense.

C'était fait.

Nous connaissions assez notre mère pour comprendre son jeu de « oui, mais... » et nous savions que papa saurait la rassurer, qu'il viendrait bien à bout de ses quelques réticences.

Bientôt nous serions dans un nouveau décor, l'encyclopédie Grolier serait encore sur la table, ma mère cuisinerait toujours ses gâteaux aux bananes et ses galettes à la mélasse, le chien referait son territoire, le bébé dormirait dans son berceau, et nous reprendrions, sans peine, nos courses sur le chemin de catalogne et nos jeux de blocs ou de poupées.

Non ! Nous n'étions guère inquiets, prêts à nous accoutumer à tout, car peu importe le logement ou la rue ou la ville, nous avions la certitude, que nous pourrions toujours dire : « Je m'en vais à la maison ».

* * *

Si notre vie est vagabonde, notre mémoire est sédentaire et nous avons beau nous élancer sans trêve, nos souvenirs, rivés aux lieux dont nous nous détachons, continuent à y combiner leur vie casanière.

Marcel Proust

Le temps d'un éclair

– Ah ! sainte-bénite ! Les enfants ! Rentrez icitte au plus vite. C'est sûr qu'y va y avoir une tempête électrique pis une grosse. Ça r'garde ben mal. J'ai jamais vu des gros nuages noirs de même pis l'vent commence à monter. Vite ! Aidez-moé donc en même temps à rentrer le linge de d'sus la corde. On va y goûter, j'vous en passe un papier.

Ma mère s'énervait toujours. Les orages l'apeuraient plus que tout. À l'heure des signes avant-coureurs, elle cachait mal son angoisse.

J'avais alors douze ans. La veille ou l'avant-veille, la radio nous avait raconté comment un ouragan s'était abattu sur les côtes de la Louisiane, causant plus de deux cents morts. Nous voilà en 1958, à notre chalet du lac Richard.

Je prends mon rôle d'aînée au sérieux. Je compte mes frères et sœurs : Gaëtane, Réal, Guy, Claude, Colette, Lynne, Marc...! Je laisse entendre un ouf! de soulagement. Les voilà rassemblés dans la grande cuisine pendant que ma mère, le bébé Louise dans les bras, allume les chandelles et les cierges. Elle sort l'eau bénite de l'armoire et nous asperge comme le curé nous asperge pendant les célébrations du dimanche.

Je décide de l'aider.

– Mettez-vous à genoux toute la gang pis on va réciter un chapelet.

Et je commence à réciter le Notre-Père. Je dois parler très fort, car le grondement du tonnerre et le sifflement du vent déchirent déjà nos jeunes oreilles. Quel fracas!

– J'veux mon père, crie un des plus jeunes.

– Papa est parti en ville, hurle un autre. Arrête de brailler.

Le ciel est du même noir que la suie derrière le poêle à bois.

– ... priez pour nous pécheurs, maintenant et à l'heure de notre mort...

J'espère que la Vierge, les anges et tous les saints nous entendent parce que les éclairs sillonnent le ciel, la grêle frappe le toit et la corde à linge que nous n'avons pas eu le temps de dévêtir semble vouloir entrer par une des fenêtres. Dehors, les arbres dansent une curieuse chorégraphie, et les branches dans leur tourmente s'agrippent désespérément les unes aux autres. Les feuilles s'affolent!

– C'est sûrement un ouragan ou une tornade.

Rien de trop rassurant, surtout lorsque ces prédictions sont faites par maman.

Tout à coup, l'éclairagiste du dôme céleste s'anime, se déchaîne et sévit. D'autres diront qu'Il s'amuse. Je ne sais pas. Je ne prétends pas comprendre la foudre et les éléments.

– Grouillez pas les p'tits... Mon doux, Lysette, t'es aussi pâle qu'une vesse de carême.

Ma mère cède à la panique. Les petits crient! Moi? Je pense à dire l'Acte de contrition.

– Mon Dieu, j'ai un extrême regret de vous avoir offensé...

C'est notre dernière heure sans aucun doute. Au milieu des prières, une lueur éclatante frappe la boîte à fusibles, rebondit sur le réfrigérateur, saute ensuite dans l'évier et traverse précipitamment la cuisine, pour filer dans le salon, puis revenir et sortir par l'embrasure d'une fenêtre restée ouverte.

Miracle? Un long silence vient se faufiler entre les craquements électriques. La famille agenouillée se lève tranquillement, prudemment.

La menace quitte nos lieux. Nous sommes tous là, ébranlés, sains et saufs. Alléluia! Deo Gratias.

Le temps d'un éclair, j'ai compris le lien entre mon monde intérieur et mon monde extérieur. Le temps d'un éclair, j'ai compris le prix de la vie. Presque cinquante ans plus tard, je m'affole, encore, pendant les tempêtes, mais heureusement, je me souviens toujours de mes prières.

* * *

Étés d'or et d'argile

Avec grande émotion, je me souviens de ces journées d'été magiques, lorsque, en famille, nous allions à notre chalet, au bord du lac Richard. Entourée de mes quatre frères et de mes quatre sœurs, je n'avais guère le temps de m'ennuyer. Je leur faisais la classe en plein air, car j'aimais beaucoup donner des dictées, je leur racontais des histoires et je sortais souvent mon cahier dans lequel j'avais copié plusieurs bonnes chansons.

> *Bohémienne aux grands yeux noirs*
> *Tes cheveux couleur du soir*
> *Et l'éclat de ta peau brune*
> *Sont plus beaux qu'un clair de lune* [6]

Nous partions aux bleuets avec un pique-nique dans notre voiturette. Après quelques heures de silence, nous comparions nos cueillettes joyeusement. Maman ferait, sans lésiner sur le sucre, bien entendu, des pâtés pour le souper, et peut-être même une tarte ou deux. Le soir, en savourant le délicieux dessert, nous aurions la certitude que sans nous il n'y aurait absolument rien à manger. Pour un bref instant, la pensée que la famille était sauvée, si ce n'est tout l'ordre social, nous donnait l'ardent désir de bâtir le monde. Nous apprenions que la part de nos mains qu'on donne en partage

---

6.   *Bohémienne aux grands yeux noirs,* interprète : Tino Rossy; paroles : Charlys; musique : Henry Himmel. © 1937, Éditions Benjamin.

est la meilleure. Un jour d'ailleurs, lorsque je mourrai, je suis persuadée qu'on retrouvera, à l'examen de mon cœur, dans un de ses ventricules, bien blotti, un bleuet de mon enfance.

Un autre après-midi, nous amusant à marteler la terre à grandes enjambées et à dévaler les pentes, nous avions trouvé de belles roches de mica. Nous nous supposions alors riches, de vrais millionnaires ! « Papa va être bien fier de nous ! C'est sûrement de l'or ! Regardez comme ça brille ! » Si facile de s'en faire accroire. Innocence des enfants, rêves faciles, foi inébranlable en l'abondance de la vie.

Ce qui me revient avant tout, ce sont nos heures de baignade, à barboter tels des poissons heureux. Maman venait s'asseoir sur le bord du quai, laissant le lac claquer sa vie à ses pieds, le bébé dans les bras, pendant que nous sautions à cœur joie dans l'eau. L'argile s'attardait autour de nos pieds nus[7] et nous plongions au fond du lac afin d'en prendre un peu dans nos mains. Sournoisement, nous allions vite barbouiller le dos de nos familiers en rigolant, se moquant d'eux, boueux et offusqués. Ah ! Le tonique du rire.

Nous passions des heures à pêcher des menés ou des grenouilles dans les algues, ou à faire des châteaux argileux sur une planche ou deux devenues radeau. Pauvre mère ! Elle nous ordonnait de sortir de l'eau et nous feignions de ne rien entendre. Grelottants, les doigts fripés, nous devions bien, après un temps, nous résigner à quitter ce paradis trempé.

Aidée de mon frérot Réal, qu'il me semble revoir en culottes courtes et bras de chemise, je fabriquais des

---

7. Clermont, Christine, *Vendanges, Art et poésie.*

marionnettes dans des bouts de bois et des branches de bouleaux. Parfois, en compagnie de ma sœur Gaëtane, j'écoutais, des heures durant, des disques de chansons anglaises, *You are my sunshine* ou *Old McDonald had a farm,* tout en mangeant un sandwich de beurre d'arachides. Je passais tant de bons moments à me bercer dans la balançoire, joyeuse comme un pinson, à botter des ballons avec Guy ou Claude, à jouer à la marelle ou à cache-cache, à courir les crapauds et à chasser les papillons. Ah ! Cette brise légère qui avait la tiédeur d'une caresse et ces odeurs de pin et de fleurs sauvages !

Autrefois, ce paysage, ces genoux tachés et éraflés, ces jeux de tague, de *May I,* cette écorce d'arbre que je bariolais de mes couleurs et ces frissons dans l'eau, tout ça, c'était à moi. Ne restent que ces souvenirs menus et puérils, mais précieux, car je sais que ces étés m'ont permis de collectionner les plus beaux instants de ma courte vie terrestre. À l'occasion, lorsque je ne crois plus aux arcs-en-ciel, je me remémore mes trouvailles d'or de jadis et je souris. Souvent encore, lorsque j'ai besoin de m'ancrer solidement à mes jours, je plante mes deux pieds sur le sol, je ferme les yeux, et je retrouve l'argile qui, autrefois, s'attardait autour de mes pieds nus.

*   *   *

J'ai un piano dans l'âme, un grand piano d'antan!
Parfois, je l'entends jouer une mélodie nostalgique...

Lysette

Dans les épaves de ma mémoire

Mon père jouait de son nouveau piano comme un capitaine taille la mer de son bateau, avec force et détermination, habile pilotage, pendant que son équipage se laissait mener au large, bercé par le flux et le reflux d'une partition impromptue.

Il pianotait... improvisait... se trompait... recommençait... *La mer qu'on voit danser le long des golfes clairs* et ses neuf enfants autour de lui se laissaient prendre au jeu, dansaient au son de l'onde amère, sauve-qui-peut, envahis, ébahis.

J'avais douze ans et demi et, un samedi matin, surprise de surprise, un piano avait été livré dans notre vivoir.

Chacun notre tour, en passant par *En roulant ma boule ma boule* et *Frère Jacques, frère Jacques, dormez-vous?* nous avions, sans inspiration, cherché le virtuose, *ding-ding-dong!*

Lequel de nous pouvait crier en un souffle court : «J'ai un don?» Mes frères draguaient les fonds marins et mes sœurs battaient le clavier, perçaient les oreilles. Moi? J'avoue... sans génie, je faisais néanmoins la leçon, en ma qualité d'aînée, après tout.

Toujours est-il que Papa rentra à la maison. Il enleva sa veste, tira le tabouret, l'ajusta, demanda un moment le silence, martela le do, le si, le la... et, ayant l'air de prier dans la chapelle pendant l'oraison, il ferma les yeux, fit taire la maison.

Il trouva, en lui, je crois, une fraîche plage solitaire, car mon bouddha de père, se mit à nous jouer de l'océan, des grands espaces et de l'air triomphant, de la plaine liquide et houleuse, de la tempête, de l'eau salée, de l'écume clapoteuse et de l'odeur trempée.

Je n'oublierai jamais ce soir de mai et j'ai encore, en y pensant, le mal de père. *La mer a des reflets d'argent,* papa avait des doigts de talent, notre salon devenait coquillage, nous étions moutons de mer agités, nous dansions, nous chantions, toute notre existence s'était soudainement adoucie.

Et, notre mère, en silence, accompagnait le maître de la musique, en balançant l'air de ses mains, en cadence, comme un grand chef symphonique.

Saison fiévreuse

Mon enfance transitoire

L'enfance est le sol sur lequel nous marcherons toute notre vie.

Lya Luft

Pour nous autres, dans la mine,
Le soleil n'est plus!

Maurice Bouchor

Dans les mines de mon cœur

À la fin de septembre 1958, la mine de nickel Inco se retrouvait en grève depuis des semaines. Aux premières lueurs du jour et au saut du lit, mes frères, mes sœurs et moi, nous scrutions l'horizon, fixant notre regard dans la direction des hautes cheminées industrielles, cherchant un signe de changement, vérifiant si, par hasard, une fumée ne s'échappait pas. Rien!

Et si la grève devait se prolonger encore bien longtemps, nous savions, pour l'avoir entendu dire, que c'était l'économie de toute une région d'ouvriers-mineurs qui serait en péril.

Mon père avait déjà travaillé dans l'ombre souterraine pendant la Seconde Guerre mondiale. Le travail dans la mine était aussi pour lui une façon d'éviter d'être une recrue de l'armée et d'avoir à partir dans les vieux pays. Maintenant, il était agent d'immeubles. Je comprenais donc mal pourquoi mes parents étaient si inquiets pour l'avenir car je ne percevais pas de lien direct entre la grève de l'Inco et nous. Curieuse, cherchant les pièces manquantes à mon casse-tête, le soir, lorsque j'étais au lit, je gardais l'oreille aux aguets et parfois j'entendais quelques bribes de leurs propos :

– Ben, on n'a pas vraiment le choix Simone. Avec neuf enfants à nourrir, faut faire quelque chose. J'toffe la ronne, mais j'vends pas ben ben de maisons de c' temps-citte. Le monde a peur.

– Ouen ! Pis chu ben tannée d'entendre parler du strike à part de ça. On dirait que les gens y'échangent pis rien qu'su leu' troubles d'argent pis leu baddeloque. Y'ont d'la misère du diable à faire arriver les deux bouttes. On peut dire que ça va mal à shop en titi, ça bardasse ! D'après la radio, y'a même eu du tabassage à l'heure des shifts à matin. Un beau micmac ! Mais pense-z-y donc un peu René ! Prendre ses cliques pis ses claques, s'en aller comme ça... à l'aveuglette, c'est vraiment recommencer en neu. Quel aria ! Pis y'a pas juste notre gang de p'tits à qui y faut penser, y'a ma pauvre vieille mére itou. Qui va v'nir à sa rescousse quand a va phoner pour de l'aide ? Là, c'est facile pour elle, on est juste à côté, mais si on s'ramasse à l'autre bout du monde...

– J'y'ai pensé. Si ça y tente, chu ben prêt à l'amener avec nous autres. On fera d'la place pour ses meubles quand on chargera le truck.

Mais qu'est-ce qui se tramait à notre insu ? Quel truck ? Je n'y comprenais pas grand-chose.

Quelque temps plus tard, sans trop d'explications, papa partit en voyage d'affaires. C'était bien la première fois qu'il s'absentait aussi longtemps de notre foyer. Dès son retour, les conversations à voix basse reprirent. Parfois, maman, aux prises avec une nervosité soudaine, se laissait emporter. Alors, le ton montait et, sans ambages, elle avouait à mon père ce qu'elle pensait de sa dernière idée :

– Ah ben non par exemple ! Pis minouche-moé pas ! C'est pas une idée vargeuse que t'as eue pis j'en veux pas pour cinq cennes. Là, tu me mets à l'envers parce qu'y'en ai pas question René. Ça fait cent fois que j'te l'dis. J'irai pas élever ma famille dans la grande ville... Montréal, c'est trop gros. Si tu pensas me faire changer d'idée en me montrant des cartes postales d'la métropole, t'es à côté d'la track pis t'as faite kapout.

– Fâche-toé pas Simone. Comme tu voudras... Moé, j'irai pas à Toronto, même si c't' une belle ville moderne pis que mon frère Léo reste là. C'est trop dangereux d'y perdre notre langue. Si tu veux pas que les enfants de tes enfants t'appellent grandma, vaut mieux faire une croix sur ce coin-là.

Pendant ces longs arguments, montaient en moi les mots d'un couplet d'une chanson que mère chantait à l'occasion :

Il était une jeune fille
Qui n'avait que ses seize ans
Elle partit pour la grande ville
Malgré ses bons vieux parents...[8]

8. Je remercie Hélène Petroski, de Timmins, qui a fait des recherches pour moi, et qui a réussi à trouver une amie qui connaissait les paroles de cette chanson. J'ai pu ainsi vérifier les strophes que je vous offre.

La peur s'insinuait alors en moi ! Cette histoire était bien tragique, même que cette fille, qui avait désobéi à ses parents, mourait dans un accident.

Un jour le long de la route
Il y eut un accident
On trouva la jeune fille
Le corps tout couvert de sang[9]

Je soupirais. « Non, les grandes villes, pas pour moi ! » Et puis, aussi bien dormir et laisser le bon Dieu poser les jalons de notre destinée.

Le temps passait... Un soir, mi-octobre, l'air un peu triste, même s'ils affichaient des sourires, nos parents nous rassemblaient autour de la table de cuisine pour nous annoncer une grande nouvelle. Maman donnait le ton...

– Surprise les enfants ! Notre famille va mouver à Ottawa le mois prochain. Papa a acheté une maison là-bas, une belle place qui se trouve à être dans un nouveau développement qui s'appelle Elmvale Acres. Ah ! C'est p'tit un peu, c'est un trois chambres, mais c'est juste en attendant qu'on s'achète un lot, pis qu'on construise plus grand, plus à notre goût.

Papa renchérissait...

– Oui, c'est ça... vous allez voir qu'à Ottawa, y'a des beaux lampadaires aux globes ronds, des rues avec des ormes immenses qui forment des tunnels de feuilles parce que leurs branches se rejoignent au-dessus des chars qui passent. Y'a l' Château Laurier que je vous amènerai visiter pis le Parlement aussi...

---

9. *Ibid.*

Ce même jour triste et gris, le dos contre le mur de briques de l'école Immaculée Conception, j'informais mes copines de classe, groupées autour de moi, de notre départ imminent. Cécile et Normande reniflaient pendant que Yolande ne se gênait pas pour donner son opinion :

– Vous pourriez rester jusqu'à la fin de l'année au moins. C'est pas fair !

Bizarre ! Je les entendais, mais perdue dans un épais brouillard, je n'étais pas vraiment là avec elles. J'avais l'impression de parler d'une autre moi-même et d'une autre famille que je ne connaissais pas, de parler de la pluie et du beau temps. Coupée de mes émotions, je répétais machinalement :

– On se reverra, c'est sûr. C'est pas si loin qu'ça. Tout va s'arranger, y'aura des occasions, pleurez pas...

Et je n'ai pas versé une seule larme avant la dernière minute du grand déménagement. Or, ce matin-là, je fus prise de sanglots incontrôlables, en me rendant au crique, près de chez nous. J'avais décidé que c'était la place idéale pour libérer ma petite tortue domestique. Mes impitoyables parents, malgré mes supplications, refusaient de l'amener vivre avec nous dans la capitale du pays. Quel drame pour la préadolescente que j'étais !

– Aye ! Lâche-nous avec ça. Neuf enfants dans l'char, le chien, ta grand-mére pis les budgies[10], tu trouves pas que c'est assez ? Sois raisonnable. C'est juste une tortue. Lâche-la lousse dans la nature pis on t'en trouvera une autre plus tard.

---

10.   Les perruches.

– Mais Mom, mais Dad ! Ça fait deux ans que j'ai Moutarde, j'peux pas l'abandonner.

Rien à faire, la tortue devait rester à Sudbury. Lorsque je l'ai déposée doucement dans le terrain marécageux près du crique, j'avais l'impression d'y laisser mon familier et si précieux petit bonheur et je maudissais, entre mes pleurs, tous ces grévistes qui au lieu de creuser la terre avaient choisi de me creuser le cœur. Je regardais Moutarde avancer lentement vers le courant, et à deux ou trois reprises, je l'ai récupérée afin de la serrer contre moi encore un peu, lui refaire mes adieux. Lorsqu'enfin j'ai réussi à m'en détacher, je me suis retournée et je suis allée prendre ma place dans l'automobile qui attendait. Mes yeux étaient vidés de leur eau et je sentais que je portais une carapace sur le dos. À l'image des cheminées qui étaient sans fumée depuis des mois, signes d'un arrêt temporaire de leur vie minière, je crois aujourd'hui, que mes yeux secs de douze ans étaient signe d'une déclaration de grève dans les mines de mon cœur d'enfant.

* * *

Chanson sibylline[11]

La première fois que je l'ai rencontré, c'était en mil neuf cent soixante. J'ai encore présent en moi ce jour

---

11.   *Chanson sibylline*, cette nouvelle a paru dans la revue littéraire belge *Traversées*, n° 35, octobre 2003, et dans la revue littéraire *Virages*, n° 24, hiver 2004.

d'été, ce jour d'émoi, il y a déjà si longtemps... c'était hier, c'était jadis. Ma tante Carmen, en lune de miel, arrivait chez nous, à Ottawa, de Québec, avec cet homme, grand et sec, un jeune industriel de vingt-quatre ans.

J'avais quatorze ans. À cet âge, comme les histoires d'amour nous impressionnent ! Il était beau, elle était belle, et moi, très folichonne. Oh, l'engouement ! Il jouait du piano avec le génie du grand Liberace, et il avait en chantant la voix et les intonations de mon idole d'adolescente, Michel Louvain. À tour de rôle, mes frères, mes sœurs, mon père et ma mère lui demandaient d'interpréter *Le petit bonheur* de Leclerc, *La Bohême* d'Aznavour ou des val-de-ri, val-de-ra. Timidement, je réclamai :

– *Un certain sourire,* s'il vous plaît.

Il sourit et se plia à nos souhaits.

Au bout d'un certain temps, il ferma les yeux, il versa des larmes, il chanta sa prière :

J'ai prié la Madone
Je la prierai toujours
Afin qu'elle me pardonne
Mon péché de l'amour. [12]

Sa voix nous charmait, nous séduisait. Cher Laurent à l'âme sensible. Laurent, impénétrable mystère.

---

12.   Un lecteur de la ville de Saint-Denis en France, a eu la gentillesse de me renseigner. Il a fait des recherches et il paraît que cette chanson était alors interprétée par Margot Lefebvre.

Souvent, j'ai pensé à lui au fil du temps. De Québec, ma tante nous envoyait des cartes, des lettres, nous tenait au courant des événements.

Nous venons d'acheter une maison... Quelle joie! Nous attendons un poupon... Laurent est très fatigué, il doit travailler si fort...

Plus tard :

– Nous avons eu un beau garçon... Il s'appellera Martin ou Théodore... C'est notre joie, notre trésor. J'ai tellement hâte de vous voir... Ici, c'est la neige, le gel... Le soir, Laurent n'est jamais là! À vrai dire, j'ai le cafard.

Encore plus tard :

– Mon enfant commence déjà l'école... Pouvez-vous le croire? Martin a perdu sa première dent... La semaine dernière, il a souffert de la rougeole.

Bientôt ce couple, que je m'imaginais toujours en lune de miel, fêterait son septième anniversaire. Sept ans déjà! Anniversaire de cuivre! Mariage devenu couleur vert-de-gris.

Quand j'ai eu vingt et un ans, j'ai planifié un voyage. Je rêvais de me rendre chez ma tante, peut-être en mars, aux vacances d'hiver de l'université. Nous ne voyions pas assez souvent la famille.

Je lui écris donc. Pas de réponse. J'attends.

Quelques semaines passent. Un soir de février, une tempête fait rage. Je reste au chaud, bien emmitouflée, près d'un bon feu de foyer. Je lis tranquillement Le Grand Meaulnes d'Alain-Fournier et, malgré moi, les mots s'embrouillent sur la page. Je dors presque, je m'abandonne, lorsque soudain le téléphone sonne.

Je me prends, instantanément, d'une tendre pitié pour cette femme à l'autre bout du fil, cette folle si angoissée. Ma tante crie, elle pleure, elle balbutie :

– Laurent est parti !

Depuis douze jours, la famille est sans nouvelles, la police le cherche un peu partout. Tel un disque brisé, elle répète :

– Vous n'auriez pas vu mon Laurent ? Si jamais il vous appelle...

Évidemment, nous commérons malicieusement.

Y devrait avoir honte de déserter sa femme qui le traitait aux p'tits oignons, pis son enfant à part ça, quel sans cœur. L'enfant de nanane, y'a pris la poudre d'escampette, un vrai trimpe, y doit être accoté avec une autre femme. Peut-être qu'y'est parti dans une secte, c'est le genre. Y va peut-être ben revenir le visage pata-rafé rouge comme d'la forsure. Y'a faite une fitte. Peut-être qu'y est en phase maniaque. C'est un bipolaire, un schizophrène. C'est sa crise de trente ans ! Le démon de midi se manifeste peut-être déjà. C'est un grand slaque irresponsable. On va le retrouver à bretter avec des robineux en quelque part. Ô scandale !

Parfois, nous nous inquiétons.

Y fait si froid. On va sûrement le retrouver mort gelé au printemps. Peut-être qu'il s'est suicidé, y' était certainement en dépression, y travaillait trop. C'était un bon diable dans l'fond. Y paraît qu'y' a toujours fait son carême et ses Pâques. Et pis, si on l'avait enlevé ? Des ravisseurs ont mis le grappin sur lui, y l'ont peut-être abandonné dans une vieille grange. Des fous, y en a partout. Ou pire ! Vous savez bien qu'on l'a tué. Y s'était endetté. Y devait probablement beaucoup d'argent à un vendeur de drogues qui l'avait enfirouapé pis y'avait une peur bleue de lui. Oui, c'est ça ! Il se droguait. Non ! Il souffre peut-être d'amnésie ! De folie ! Qui sait encore si...

Seule une telle tragédie peut développer autant l'imagination! Effroyable ce que peuvent penser des honnêtes gens en grande détresse.

Tante Carmen, elle, se rend à Vancouver! Monsieur un tel jure qu'il ne ment pas! Il a vu Laurent là-bas, dans un restaurant. Plus tard, hors d'elle-même, elle accourt lorsqu'une femme l'appelle et dit avoir reconnu Laurent à l'urgence de l'hôpital Général à Ottawa. Elle dépense sa fortune à publier des photos de Laurent dans les journaux. C'est toujours le silence. Elle promet des récompenses, fait imprimer des dépliants. Elle organise un pèlerinage à Lourdes, consulte des voyantes, embauche des détectives, s'achète même une planche Ouija.

Les déceptions s'accumulent. Après le choc, la peine, la colère, vient la résignation. Il faut bien continuer, s'accrocher. Et filent les jours, les pages des calendriers, les années.

Trente ans plus tard, Martin, le fils du fuyard, rencontre enfin la femme de sa vie. Plus personne n'y croyait. Il n'est plus très jeune, ce Martin orphelin de père, il a trente-sept ans. Ah certes! Il a connu quelques demoiselles, par contre il n'a su s'attacher à aucune. Maintenant, c'est différent. Il jubile. Il veut une grosse noce, un grand rassemblement, il veut partager son bonheur avec le monde entier. Il aime tant sa Marie-Claire.

Moi? J'ai vieilli. Hélas! Je n'ai pas souvent rencontré ce cousin éloigné, mais je me réjouis d'être invitée. J'irai nocer à Québec!

C'est incroyable la joie de retrouver toute ma parenté en cette saison première du nouveau millénaire! Oncle Marcel, tante Flora, cousin Jean-Paul, cousine Mariette. Et les mariés sont si heureux, si radieux. Je me promène d'une table à l'autre. Je me sens réconciliée avec des pans entiers de ma vie.

À un moment de la soirée, j'aperçois un homme qui titube un peu. Il a bu trop de vin. Je l'aide à sortir... il veut prendre l'air. Nous causons. Il se présente. Surprise! C'est le frère unique de Laurent. Il me dit son nom. Je ne l'ai jamais rencontré auparavant. Il se nomme Michel. Bien entendu, curieuse comme je le suis, sans trop tarder et sans trop d'espoir tout de même, je l'interroge.

– Vous n'avez jamais entendu parler de Laurent? Vous ne savez toujours pas quel a été son sort?

Ivre... très ivre... Michel sanglote et il parle. OUI! Il parle!

– Laurent est itinérant dans les rues de Montréal. Il ne s'est jamais guéri de lui-même, vous savez.

– Que voulez-vous dire?

Je suis absolument sidérée par ces propos inattendus.

– Laurent est gai, Madame! Vous ne l'aviez pas deviné? Il n'a pas su avouer son homosexualité, surtout pas à Carmen, alors il a déserté le foyer. Il ne réussissait pas à tuer son attirance pour les hommes. Enfin, il est parti avec son amant, avec Julien.

Je reste là, silencieuse. Je ne veux pas effaroucher cet ivrogne bavard. Michel continue de sa voix éméchée :

– Il a connu des heures difficiles, le pauvre Laurent. D'abord, il a changé son apparence et son nom. Il s'est trouvé un emploi dans un minable piano-bar. Mon frère a toujours eu l'âme torturée. Et puis, il y a dix ans, Laurent a contracté le VIH. En apprenant ce qui rendait mon frère si malade, Julien, pris de panique, l'a quitté.

Ensuite, Laurent a eu une dépression nerveuse, il a perdu son emploi, son logement, son moi, il a connu la misère, quoi...

J'ose poser encore une question.

– Le voyez-vous encore?

– Oui, à l'occasion. Il vient chez nous pianoter. Il refuse mon aide, il ne veut plus vivre. Chaque fois, il me supplie de ne pas dévoiler son secret. Il a encore tellement honte et il veut protéger son fils...

L'homme pleure en hoquetant.

– Je ne vous connais pas, Madame, mais j'ai besoin de parler avec quelqu'un. Ce que je viens de vous dire, je le porte en moi depuis trop longtemps. Vous ne trahirez pas mes confidences? Vous me le promettez?

En moi se bousculent tant d'émotions. Comment Laurent a-t-il pu se juger si sévèrement? Pourquoi n'a-t-il tout simplement pas dit sa vérité? Quelle ignorance! Ou bien quelle peur! Quelle passion tragique... Et ce Michel qui savait tout, pourquoi n'a-t-il pas dévoilé le secret? Une disparition sans explication, c'est cruel. Ne pas savoir est cent fois pire! Après tant d'années, il faut bien être ivre mort et sous l'effet d'émotions fortes pour s'ouvrir le cœur en confession. Faut-il déterrer cette vieille histoire?

Sans rien comprendre à ma promesse, je rassure ce Michel tant chagriné. Enfin, je sais la fin de l'histoire. La tragique histoire de ce Laurent disparu. Peut-être qu'un jour je raconterai tout, mais pas tout de suite...

Ce soir-là, dans mes rêves, j'ai vu Laurent. J'écoutais un mendiant de miracles, un pauvre gueux, un nécessiteux de la rue, chanter à tue-tête... et lorsque je me penchai pour lui donner quelques dollars, c'est le visage de mon oncle malheureux qui se leva vers moi. Comme s'il était un parfait étranger, je fis semblant de rien et, en m'éloignant, je l'entendis reprendre la même chanson...

J'ai prié la Madone
Je la prierai toujours
Afin qu'elle me pardonne
Mon péché de l'amour.

* * *

Leçon sur l'amitié

Croyez-moi, rien en cette journée de février mil neuf cent soixante-deux ne me laissait deviner l'importance qu'aurait cette classe d'anglais.

J'étais alors en onzième année, au Couvent des sœurs de la Congrégation de Notre-Dame, rue Dorchester, et Mère Saint-Bernard se préparait à donner son cours d'anglais, comme elle le faisait tous les jours vers les onze heures du matin.

C'était un petit bout de femme, aux yeux noirs perçants, à l'air espiègle et au sourire en coin, qui aimait bien nous lancer des défis. À l'occasion, elle écrivait une phrase au tableau et elle prenait un malin plaisir à observer nos réactions.

Un beau vendredi, elle avait choisi cette pensée du jour : « Les jeunes cherchent des certitudes et non des vérités. » J'avais réagi fortement. À seize ans, tout feu tout flamme, je croyais tout savoir et, franchement, je trouvais qu'elle se moquait un peu de notre intelligence.

Je pris les devants et je rétorquai qu'elle se trompait royalement.

Loin de se sentir offensée, son visage se pencha sur le mien et je vis qu'elle semblait fière de moi. En me regardant avec une curieuse intensité, poussant un long soupir, arrangeant un moment sa cornette, elle avait répondu :

– Alors Mademoiselle Lysette, si vous pensez savoir ce qu'est la Vérité, peut-être que, la semaine prochaine, vous pourriez expliquer à la classe ce qu'est la Liberté.

Inutile de vous dire combien j'ai cherché à gagner son respect en trouvant LA bonne réponse. J'ai interrogé mes parents, j'ai lu, j'ai réfléchi et j'ai discuté autour de la table du YWCA : La liberté, c'est impossible que ce soit faire ce que je veux quand je veux, parce que regardez les ivrognes... au commencement, ils veulent boire, mais après, ils veulent arrêter et ils ne sont pas capables... non ! la liberté s'arrête là où commence la liberté de l'autre et elle doit se jumeler au sens de la responsabilité... Mes amies étaient impressionnées. Je suis enfin arrivée à surprendre Mère Saint-Bernard lorsqu'elle me mit au défi d'aller au-devant de la classe et de prendre la parole.

Très juste, cette religieuse que j'affectionnais, n'avait pas ménagé ses félicitations. Enfin, je m'égare de mon sujet.

– Prenez votre livre Mastering Effective English à la page vingt-huit. Aujourd'hui, nous allons étudier un texte qui porte sur l'amitié et qui s'intitule : On Friendship.

Mère avait choisi un essai qui m'apparaissait assez long et où le nom de l'auteur ne figurait même pas. On se contentait de dire au bas du texte : Modern Essays from The Times.

Je me souviens encore aujourd'hui des idées essentielles qu'avançait l'auteur inconnu. À son avis, l'amitié est un cadeau à donner sans attentes de retour. Il ne faut pas placer un prix sur notre amitié en choisissant nos amis pour leurs vertus ou leur apparence ou leur position sociale. Pas de choix calculé. Il s'agit d'être reconnaissant d'avoir la possibilité de se faire des amis et de considérer ce talent comme une occasion divine.

J'étais surprise. Je pensais au proverbe *Qui se ressemble, s'assemble,* qu'une autre enseignante nous répétait continuellement et qui me semblait bien en opposition avec cette amitié inconditionnelle. Dans notre classe, il y avait même une fille que nous évitions parce que, justement, elle avait mauvaise réputation.

L'auteur affirmait encore : Une personne qui sait ce qu'est l'amitié ne laissera pas tomber son ami, même si ce dernier a perdu son honneur, même si ce dernier lui a fait du tort, même s'il y a déception, larmes et grands émois.

Il allait très loin, car il avançait ceci : Si quelqu'un laisse tomber un ami, il n'a jamais été un ami.

Ouf! Que je vibrais à cette notion de fidélité. Je me redressais en pensant à ce grand idéal de l'amitié.

La lecture se continuait : C'est la pauvreté de notre affection qui nous fait juger l'autre et nous devrions avoir l'humilité de le reconnaître. Si nous tenons à l'illusion que nos amis sont parfaits, nous n'avons aucune notion de ce qu'est l'amitié. Une personne n'est pas notre proche parce qu'elle est supérieure, mais parce qu'il y a une voie spéciale entre elle et nous, une communion mystérieuse de deux âmes. L'amitié se doit d'être un repos et non une compétition de deux moi. Elle fait fondre les masques et devient une vraie bénédiction du ciel. L'état de l'amitié est rare et ne s'atteint pas parfaitement. Si nous laissons nos jugements de côté, nous pouvons commencer à l'expérimenter.

Je ne sais pas pourquoi ce texte me rejoignait autant.

C'est ainsi que, ce jour-là, je pris la décision de devenir une bonne amie pour les autres et d'apprécier chaque personne qui choisirait de se faire mon prochain. Une décision qui allait teinter toute ma vie.

Je crois que cette petite sœur des années soixante a su me montrer la bonne direction et, très souvent, je pense à ces assises de vie qu'elle m'a données. Elle aurait pu choisir un texte banal et sans profondeur, le programme de l'époque étant loin d'être déterminé. Toujours éducatrice, elle a pris le temps de nous donner une philosophie de vie. Encore aujourd'hui je l'en remercie dans mes prières, et parfois je voudrais la rencontrer, la serrer très fort dans mes bras et lui dire :

– Mère... ce jour de leçon sur l'amitié, dans ce livre d'anglais vert, vous vous souvenez ? Eh bien, j'ai laissé mon âme à la page vingt-huit, en guise de signet.

* * *

Mon arrière-grand-oncle, Alexis le trotteur

Mon père, René Lapointe, me parlait souvent d'Alexis Lapointe, ce phénomène d'une famille de quatorze enfants, né à Saint-Étienne-de-Malbaie, dans la région de Charlevoix, en 1860. Père ne l'avait jamais connu, car il n'avait pas encore deux ans lorsqu'Alexis est mort, en 1924. Cependant, Évague Lapointe, mon grand-père, lui avait souvent raconté ses prouesses à la course.

Il existait donc, malgré tout, une certaine fierté dans la voix de mon parent lorsqu'il déclarait :

Les parents d'Alexis le trotteur
François Lapointe a épousé Delphine Tremblay le 13 février 1849
à La Malbaie (Québec)
Photographie : collection personnelle de la famille Lapointe

– Alexis le trotteur, un homme qui courait plus vite que le vent ou les voitures ou les chevaux, et qui aimait giguer plus que tout, pendant cinq heures d'affilée des fois, un bon faiseur de tours... c'était mon grand-oncle.

Ma mère réagissait fortement à ses propos :

– Vante-toi pas de ça René... c'est pas les gros chars. On dit qu'y buvait, qu'y avait une haleine de ch'fal et pis un homme qui court en avant des trains, ben, ça pas trop de jarnigoine, y'a dû avoir l'air d'un grand cocombe. Être parent avec lui, ben ça vaut pas d'la chnoute.

En effet, Alexis, que ses contemporains affublaient souvent de l'étiquette de simple d'esprit, est décédé à l'âge de soixante-trois ans, heurté par une locomotive qu'il voulait devancer. Pendant deux heures de délire fiévreux, il a, paraît-il, souffert atrocement, ayant les deux jambes et le bras droit coupés.

Mais revenons à ma famille.

Mes quatre frères, sans malice pourtant, s'amusaient parfois à imiter l'excentrique en se fouettant les cuisses avec une branche et en criant :

– Hue ! Hue !

Rien à faire. Déception ! Pas un ne courait plus vite que l'autre, et aucun n'avait hérité des talents et des jambes rapides du Cheval du Nord.

J'ai grandi, joyeusement, dans l'ombre des histoires qui ont fait du coursier à l'élan de chevreuil, une légende. Dans les soirées familiales, mes oncles et mes tantes racontaient que leur arrière-grand-père, François Lapointe, partant un jour en bateau pour Bagotville, refusa d'amener avec lui son garçon, le pauvre Alexis.

Le bateau avait donc quitté le quai de la Malbaie à onze heures le matin et, à vingt-trois heures, en arrivant à destination, quelle n'avait pas été la surprise du père François de voir son fils l'attendre sur le quai de Bagotville.

Le Trotteur avait bel et bien fait quatre-vingt-huit milles (cent quarante-six kilomètres) en moins de douze heures pour surprendre son père. Inutile de dire que je raffolais de ces anecdotes !

Plus tard, jeune femme, je préférais m'éloigner de ces histoires invraisemblables. Comme j'aimais bien la danse (je disais que c'était dans mes gènes), je me suis rendue, avec des amies, à l'Université d'Ottawa un vendredi soir de 1967, afin de tournoyer sur le plancher de danse.

J'y rencontrai un gentil garçon qui s'empressa de me demander mon nom. Lorsque je répondis Lysette Lapointe, il sauta littéralement de joie et passa le reste de la soirée à m'entretenir d'Alexis.

Il se nommait Jean-Claude Larouche, et il étudiait si sérieusement la vie de mon ancêtre, qu'il avait fait exhumer son cadavre l'année précédente. Il se montrait beaucoup plus intéressé par ma famille que par moi... Je me souviens ! Il était venu, le lendemain après-midi, rencontrer mon père pendant que je bayais aux corneilles.

Jean-Claude me parlait des heures durant de l'ossature, des genoux et des talons surdéveloppés de l'athlète, et du squelette de cet homme original de cinq pieds sept pouces, aux enjambées incroyables. Et moi, privée de l'attention exclusive de mon compagnon, j'étais quasi jalouse.

Lorsque son livre, *Alexis le Trotteur,* est sorti en 1971, je l'ai pourtant lu fièrement. J'y retrouvais ma lignée et des photos de plusieurs de mes ancêtres. Monsieur Larouche avait réalisé un travail étoffé et minutieux et je regrettais un peu de ne pas l'avoir écouté ou encouragé davantage. Mais que dit la fourmi à la cigale ?

– Eh bien, dansez maintenant !

J'aimerais prochainement me rendre au Musée d'histoire du Lac-Saint-Jean qui rend hommage à mon arrière-grand-oncle en exposant plusieurs objets qui lui appartenaient. Je me demande s'ils ont un des deux cents fours à pain construits par ce célèbre travailleur (il paraît que c'était sa marotte et qu'il avait une méthode de fabrication bien à lui), ou un harmonica, qu'il apportait assurément avec lui dans les camps de bûcherons, lorsqu'il y passait l'hiver.

Si vous avez visité ce musée, chers lecteurs, chères lectrices, veuillez tout me raconter. J'ai treize petits-enfants qui me pressent de questions.

Enfin, j'ai toujours souri en entendant les gens dire qu'Alexis Lapointe n'était que légende, une invention de croyances et d'exagérations populaires. Moi, je suis convaincue qu'il était aussi vrai que vous et moi, parole de mon père.

Mariage de Lysette Lapointe et de Maurice Brochu
à l'église Sainte-Geneviève d'Elmvale Acres à Ottawa, le 15 mars 1969
Photographie : Pierre Lalonde

Saison des amours et des pluies

Ma vie de jeune femme

Demain je rirai de mardi
car demain, c'est mercredi
et peut-être que vendredi
je nierai mes folies de jeudi...

Lysette

Dur, dur d'être une nouvelle épouse...

À vingt-deux ans, en mil neuf cent soixante-neuf, je suis jeune mariée et, de même que toutes les filles de l'époque, je rêve d'accomplir parfaitement ce nouveau rôle d'épouse, de réussir si bien mes devoirs qu'on me nommera la femme idéale. Pour moi, une bonne femme doit savoir bien laver, empeser les vêtements et les repasser, coudre comme une fée, raccommoder afin d'économiser, garder la maison brillante de propreté et bien rangée, en somme créer un foyer qui soit un havre de paix et de tranquillité et, tout ça, en plus de savoir faire le marché, préparer des conserves et cuisiner aussi bien qu'un cordon bleu, pas moins.

Aussitôt revenue de notre voyage de lune de miel, quatre jours à Québec, je décide de l'organisation de mes tâches, en me fixant un horaire de travail sur papier, des travaux d'aiguille à ceux du balai, afin de ne rien oublier.

Inexpérimentée et me sentant bien incompétente pour les corvées domestiques, je suis quand même rassurée de savoir, noir sur blanc, qu'au salon et dans la chambre à coucher je dois, tous les jours, prendre un plumeau et épousseter, promener rapidement la vadrouille, frotter les miroirs... ou qu'une fois par semaine j'ai à passer l'aspirateur, laver et cirer les planchers et, qu'une fois par mois, je suis tenue de vider et essuyer les rayons de la bibliothèque, replacer les livres, ranger dans les armoires ou les placards, essuyer les plinthes. J'ai même planifié que tous les deux ou trois mois je nettoierai les cadres de portes et les taches sur les murs, et que deux fois par année je laverai les rideaux, sans oublier de passer un chiffon au plafond.

Les semaines se succèdent et je me perfectionne. Dans la cuisine, je vide les poubelles quotidiennement, les lave et les désinfecte, je fais la vaisselle après chaque repas et je garde l'évier impeccable. Je frotte le grille-pain, la porte du fourneau, je m'assure que le comptoir est libre de tout encombrement, que les tablettes dans le réfrigérateur sont propres, je fais l'inventaire des aliments, je nettoie le congélateur... ouf!

Maurice passe souvent discrètement après moi, me félicite, m'encourage, assume plusieurs tâches. Il n'a guère le comportement machiste de certains hommes qui attribuent les besognes ménagères aux femmes, car dès son jeune âge il a appris à aider dans la maison, à faire sa part. C'est moi qui maîtrise l'art de me compliquer la vie et qui conserve de vieilles idées puritaines bien encroûtées dans mon esprit, qui souffre aussi de culpabilité facile si je n'arrive pas à tout faire moi-même. Je crois dur comme fer, on me l'a assez martelé dans la tête, que c'est moi le cœur du foyer et que mon homme mérite une belle femme douce et poudrée, lorsqu'il arrive d'une dure et effroyable journée de travail.

Après avoir rétréci, à l'eau chaude du lavage, quelques gilets de laine et une ou deux robes, j'ai malgré tout appris à bien faire la lessive. Ma vie durant, j'ai entendu ma mère et ma grand-mère émettre des commentaires sur les vêtements accrochés aux cordes à linge du quartier :

– Simone, as-tu vu la corde à Laurette ? C'est effrayant, son linge est assez gris, a sait pas laver pantoute... mais Rita, t'sais la femme qui reste au coin, elle c't'une femme fière, pis son linge y'est blanc, blanc.

Je m'applique donc à bien séparer les vêtements, le blanc et le pâle que je lave à l'eau tiède puis au savon doux de bonne marque, le foncé à l'eau froide et au savon liquide, et à la fin je prépare une brassée de serviettes à l'eau chaude et au javellisant... Évidemment, je plie et je range immédiatement. J'accroche les chemises aussitôt lavées, je recouds des boutons, je refais des ourlets et je repasse les nappes et les draps.

Même si j'enseigne aussi à temps plein, j'ai entrepris la confection des cadeaux de Noël. Je tricote des pantoufles pour mes sœurs, pour mes amies je bricole des chandelles de feuilles en cire d'abeille, et je réalise pour mon mari de très belles cravates assorties à mes robes. Ne riez pas, nous faisons fureur dans les soirées. Mais ce n'est jamais assez ! Je suis si exigeante pour moi-même, mon idéal est si élevé que je ne peux jamais l'atteindre.

En décembre, après un peu plus de huit mois de vie commune, j'annonce à mon mari que je veux recevoir mes parents, mes quatre frères et mes quatre sœurs pour un festin des fêtes.

– Mais Lysette, tu pourrais attendre à l'an prochain. Y'a pas longtemps, tu faisais encore bouillir le steak pis y'était aussi dur qu'une semelle de botte. Donne-toi une chance, attends un peu...

– Ah Maurice! Arrête de me rappeler mes premiers plats manqués. Il fallait que j'apprenne, c'est tout. C'est normal de faire des gaffes au début... Mais là, j'ai étudié le livre de Jehanne Benoît. J'ai bien lu les recettes, inquiète-toi pas, je suis capable.

Nous vivons dans un petit bungalow de banlieue. Afin d'accommoder nos invités, je transforme notre salon en salle à manger. En mettant bout à bout la table de la cuisine et la table à cartes, surface que je recouvre d'un drap blanc bien défripé par des mains attentives, je crée assez d'espace pour asseoir tout le monde. Je dresse la table de ma plus belle vaisselle de porcelaine et de mes verres en cristal, cadeau de noces d'une grand-tante. J'emprunte quelques chaises pliantes de ma voisine et je compte et recompte le nombre de couverts.

Le samedi matin, jour des agapes, je suis tôt levée et, ma toilette terminée, je vais cuisiner. Par quoi commencer? Ah oui! Je décide, sur-le-champ, de préparer une tourtière. Il ne peut y avoir de repas de Noël sans ça. Petit problème! Je me rends compte que j'ai oublié d'acheter les ingrédients nécessaires...

– Maurice, tu peux faire quelques commissions chez Steinberg's? Il me faut du porc et du bœuf haché, du saindoux pour faire ma pâte, de la farine blanche, puis tiens... de la levure aussi, et des confitures aux fraises, car on aura du pain maison puis un gâteau roulé.

– Oh! oh! oh! ma noire! Du pain, c'est pas facile à faire, puis un gâteau roulé, t'as jamais essayé ça.

– Ris pas comme ça, Minou! J'ai vu ma mère faire à manger toute ma vie. Puisque je te dis que je suis capable, tu verras... ça va être une éclatante réussite.

Une heure plus tard, la viande mijote sur le rond, ça sent bon les oignons et le clou de girofle et mon époux, captant les effluves des aliments, est rassuré. Il décide d'aller pelleter la neige de notre entrée, pendant que moi, tout en écoutant un long jeu d'Édith Piaf, je prépare mon mélange...

Pas facile à rouler cette pâte. Elle se brise en morceaux et, après bien des recommencements, l'abaisse de tarte dont je tapisse une assiette creuse de pyrex ressemble à une courtepointe. J'aurais dû m'y prendre la veille, peut-être... Enfin, je verse la préparation dans le fond, quelques louches de viande sans égoutter le gras, pensant que ce sera meilleur. Pour finir, je recouvre le mélange d'une pâte littéralement brisée et j'enfourne ma création à 400º F.

Tout ce temps, je réfléchis à ma prochaine réalisation. Avant de boulanger mon pain, pourquoi ne pas préparer quelques biscuits? Je ferai une pâte blanche et j'y mettrai quelques gouttes de colorant vert. Ce sera festif.

Tout à coup, une fumée noire s'échappe du fourneau. Aussi dépendante qu'une enfant de ses parents, je cours chercher mon mari.

– Maurice, viens vite! À l'aide! Le gras de la tourtière a coulé, ça brûle.

Nous arrivons à éteindre le feu avec un peu de soda à pâte... L'assiette en aluminium est charbonnée et moi, bien découragée. Mon bonhomme de neige, héros de l'heure, me rassure.

– C'est pas grave Lysette. Ça sent bon quand même et j'pense qu'en enlevant la croûte brûlée du fond, la tourtière va quand même être délicieuse.

Ah ! Comme les jeunes amoureux savent mentir et mettre du baume sur les plaies.

Enfin, lorsque mes convives arrivent, je leur verse un verre de chianti, les priant de s'asseoir pendant que je m'occupe du service.

En blaguant, un de mes frères me demande si j'ai une scie pour couper le pain.

Papa, dans sa grande bonté, se dépêche de dire :

– C'est vrai qu'y'est un peu dur ton pain la Zoutte, mais j'aime ça un pain lourd.

La vérité, c'est qu'on pourrait tuer un homme avec cette miche de pain chaude, aussi pesante qu'une masse de pierres. Je n'avais pas su m'arrêter de le pétrir.

Une tourtière brûlée pour douze personnes, ça promet. Heureusement, mes invités semblent aimer les pommes de terre rehaussées de cornichons sucrés et d'olives vertes farcies. Quel délice ! Ma cuisine de ce jour, trop grasse, trop lourde, trop épicée, les fait pouffer de rire à tout bout de champ, malgré eux. Mais rien ne les fera autant rire, ces pauvres cobayes, sans doute un peu avinés, que mon plateau de biscuits verts.

Quelques-uns se plurent même à répéter, en se moquant et tout en refusant net de les goûter :

– Non merci, ce soir, je n'ai pas d'appétit, mais si tu veux bien me donner ta recette ! Ha ! Ha ! Ha !

Enfin, je n'ose même pas vous raconter l'apparence du gâteau roulé que j'avais alors baptisé, pensant sauver un peu la face, pouding-surprise. Ma mère, la mine amusée, me demanda :

– Est-ce une nouvelle recette ou un Betty Crocker ?

J'étais gênée un peu par leurs remarques, mais je finis par me tordre de rire autant qu'eux et malgré tout, lorsque je repense à cette soirée, il me semble que nous goûtions, avec tant de plaisir, la douceur d'être ensemble qu'il aurait été superflu d'avoir des plats de fine cuisine.

Après trente-six ans, dans un émoi heureux, je ferme mes paupières et je revois mon beau et jeune Maurice, me faisant danser autour de la table, tout en me tapant doucement le dos, afin de me consoler, et chantant à tue-tête : « Non, rien de rien, non, je ne regrette rien... » pendant que mes frères se régalent du bon Jello aux fraises que j'avais aussi, heureusement, préparé en y mettant tant d'amour.

Je ne me rappelle pas si j'ai chanté ce soir-là, mais aujourd'hui, c'est vrai que je ne regrette rien et lorsque Maurice me prend dans ses bras, je vois toujours la vie en rose, sachant que je suis sa femme idéale, et cela me suffit.

PENSÉE POUR TOI MAURICE

Parfois je me cache
Au creux de mes mains
Au creux de tes bras
Je me cache...
Mais chéri... tu sais toujours me trouver.

* * *

Ce soir j'accouche... Le 12 avril 1970

Jamais, plus jamais d'enfants !
Quelle douleur qu'un accouchement.

Ô délivrez-moi, je n'en peux plus
Ah ! Si seulement j'avais su...

Ça recommence, ah non !
Je ne peux pas, je ne veux plus...
comment endurer ce mal qui ne s'arrête pas ?

Ô Seigneur, je vous en prie
cela ne peut être normal ?
Les femmes en parleraient plus que ça !

J'ai si peur...
Mon heure est venue...
jamais plus, jamais plus !

Je pousse, je m'essouffle.
Pardon ? Vous dites que ça viendra ?
Ha ! Ha ! C'est ce que vous me répétez
chères gardes... depuis le début
de la soirée d'hier mais...
Ah non ! pas encore
Excusez-moi ! Je crie, je prie,
je fais de la folie !
Ça m'est égal, laissez-moi...
Ô laissez-moi !

Mais soudain... non, je ne le crois pas...
C'est sa tête ? Ô merveille !
Dites ! Il ne pleure pas ?
Oui, oh oui, je l'entends
C'est un gars ?
As-tu entendu ça ?
Chéri, c'est notre Pierre, c'est un gars
c'est lui qu'on attend depuis neuf mois.
Quelle joie, quel bonheur !
Vite, cours le dire mon amour,
crie-le bien fort !
« Nous avons un beau bébé gars ! »
Et oui, tu peux le croire petit papa,
nous lui donnerons une sœur ou deux,
pourquoi pas ? Oui, dès qu'on le pourra.

* * *

J'ai, moi aussi, réagi à ce poème d'Albert Lozeau, la différence c'est que moi, je voulais le dessiner et le peindre. Quand je peins un arbre, il me revient à la mémoire...

Quelles belles images tu réussis à transmettre... les factures et bouts de papier dans la boîte à chapeau fleurie comme celles de ma mère qui provenaient de chez Madame Plouffe, la chapelière de Timmins. Continue ton écriture de vie, c'est tellement franc et droit, récits qui me ramènent en arrière, ça me permet de me délecter de souvenirs enfouis dans ma mémoire qui resurgissent aujourd'hui en te lisant.

Claire Guillemette Lamirande

Ma vie secrète d'écriveuse

Vous connaissez Albert Lozeau, poète québécois, né en 1878 et mort en 1924 à Montréal ? Eh bien, on raconte qu'à l'âge de dix-huit ans, la colonne vertébrale paralysée par la tuberculose, il devait rester alité et qu'il a alors décidé de se consacrer à l'écriture. Triste histoire pour lui, mais heureuse pour moi à vrai dire.

L'automne de mes douze ans, Madame Laquerre, enseignante de septième année, lisait à notre classe, par un beau jour de splendeur dorée, son poème *L'Érable rouge...*

Dans le vent qui les tord les érables se plaignent,
Et j'en sais un, là-bas, dont tous les rameaux
                                    saignent!

Il est dans la montagne, auprès d'un chêne vieux,
Sur le bord d'un chemin sombre et silencieux.

Une nouveauté d'émotion mystérieuse s'empara de
moi. Le ravissement! La musique mélancolique de ces
vers venait me bercer, me caresser l'âme et il me semblait entrer dans l'univers intime de la nature, de
battre à sa mesure.

L'écarlate s'épand et le rubis s'écoule
De sa large ramure au bruit frais d'eau qui coule.

Sur ma joue, une larme jusqu'alors inconnue venait
trahir les frissons de mon cœur. Je me rendais compte
qu'elle ne s'apparentait pas à la tristesse, ni même à la
colère, mais davantage à la beauté. C'était une larme
purifiante!

Il n'est qu'une blessure où, magnifiquement,
Le rayon qui pénètre allume un flamboiement!

Le bel arbre! On dirait que sa cime qui bouge
A trempé dans les feux mourants du soleil rouge!

Sur le feuillage d'or au sol brun s'amassant,
Par instant, il échappe une feuille de sang [13].

---

13.   Albert Lozeau, *Le Miroir des jours.*

Ah! Je ne verrais plus jamais les arbres de la même façon. J'étais cet érable et cet érable était moi. La poésie venait de me rapprocher de toute la création. Et lorsque vint le soir, ma porte de chambre resta close. Pendant des heures, dans mon cahier, je scribouillais des choses... Je voulais retrouver la magie d'un arbre en lamentation, d'un soleil rose ou d'une lune versant son eau d'argent. Je tentais même de rendre sublime l'odieux du quotidien, d'apprivoiser avec des mots doucereux, les ogres de mon enfance.

C'est ainsi que tout a commencé et pendant des années, moi, l'écriveuse, je barbouillais des feuilles et des feuilles d'arbre, des feuilles de papier. C'était mon secret bien gardé!

Parfois je retrouve, dans un fond de tiroir parfumé, de ces pensées ou strophes qui me font rougir aujourd'hui, pudeur d'âme.

> *Je suis l'eau des larmes*
> *eau de surface*
> *celle qui endure les claques des rames*
> *eau qui attend patiemment le coucher du soleil*
> *eau fatiguée*
> *eau qui veille.*

ou

> *Une fois l'oiseau sorti de son œuf*
> *il n'y a plus de retour*
> *il grossit comme un bœuf*
> *et meurt à la fin du jour.*

Enfin, à vingt-trois ans, je suis devenue une maman. Pendant huit ans, je suis restée à la maison avec mes enfants n'ayant pas l'air d'écrire du tout, mais dans ma tête, je composais tout le temps. En proie à mon imagination capricieuse, très souvent, je m'emmurais dans mon silence, pour un petit quart d'heure, pendant que mes bruyants angelots dormaient. La tête bien appuyée dans une main, sur juste assez d'un coin de table nécessaire au maniement de ma plume, je noircissais des pages d'un cahier spécial, renouant avec moi-même. Si l'envie était trop forte et que je n'avais pas le temps de sortir mon cahier noir, dans une agitation fébrile, j'écrivais ce qui était tapi au creux de moi sur des bouts d'enveloppes ou sur le dos de factures qui traînaient sur le comptoir de ma cuisine. Soulagée, je déposais ces bribes de phrases ou ces prières ou ces poérimes, brouillons monstrueux, dans une jolie boîte à chapeau fleurie, espérant un jour publier et rejoindre un autre endormi, comme l'écrivain de mes jeunes années était venu me toucher, réveillant mon insondable désir de sacré et de communion avec le monde entier.

Au printemps de l'année 1978, j'ai osé envoyer, sans rien dévoiler à mes proches, deux de mes poèmes narratifs, truffés de biffures au crayon, aux Éditions Commoner's à Ottawa. J'avais ouï dire qu'on cherchait des écrits d'auteurs pour une première anthologie française de l'Outaouais. Je m'attendais à une critique, une opinion, une rétroaction, voire une rebuffade, plutôt que de me voir offrir une chance de publier. Je ne me souciais pas encore de réussir dans le domaine de l'écriture.

Lorsque j'ai enfin reçu une lettre m'annonçant que mes deux textes paraîtraient dans *Bing sur la Ring, Bang sur la Rang*, d'abord mon cœur bondit, et puis j'ai pensé qu'un heureux hasard y était pour quelque chose, que les coordonnatrices du projet s'étaient trompées, qu'il y avait méprise, que je recevrais tôt ou tard un mot m'avertissant qu'il y avait eu erreur. Comment mes pauvres écrits pouvaient-ils se retrouver dans un livre où figuraient les noms des grands William Chapman, Simone Routhier ou Jean Ménard?

Enfin, au bout de quelques semaines, je me mis à sourire en me demandant où je rangerais cette anthologie de morceaux choisis, ce cadeau de la vie. La réponse me vint en songe : sur les rayons de ma bibliothèque, pourquoi pas? Juste à côté des œuvres complètes d'Albert Lozeau, mon cher poète.

* * *

Cette histoire est romancée quoique basée sur des faits réels. Ma belle-sœur se souviendra, je l'espère, que «La taquinerie est la fine fleur de l'amitié.»

Une soirée avec Jack

Ma belle-sœur veut absolument m'emmener à une réunion dite scientifique!

– Viens donc avec moi, Lysette! Le sujet semble passionnant. Il va être question de magnétisme humain, de télépsychie et de voyage astral. Ton esprit est trop fermé, tu analyses tout, et tu te prives de vivre de belles expériences grandissantes.

Nous sommes en octobre mil neuf cent soixante-seize, j'ai trente ans et suis très influençable. Ma belle-sœur Yolande est rieuse, enjôleuse et audacieuse. Elle n'a pas à me supplier trop longtemps avant que j'accepte sa proposition.

À cette rencontre qui pourtant ne me tente guère, j'irai, ne serait-ce que pour être avec ma belle-sœur et avec Régine, une de ses amies. Arrivées à la salle de conférence, nous sommes toutes les trois accueillies chaleureusement par deux femmes de notre âge.

Elles nous demandent de remplir une fiche de renseignements avant d'aller dans l'amphithéâtre. Il y a bien une soixantaine de personnes déjà assises.

Une odeur me met mal à l'aise, quelqu'un a fumé ou vaporisé un produit assez fort. Je cherche, en vain, des visages connus, une nervosité inexplicable me tenaille. Comment comprendre cette insécurité? Comment expliquer à mes deux compagnes ce que je ressens, ce curieux malaise?

Un homme, très distingué et très bien mis, se dirige vers le microphone et se présente.

Il est très calme, son timbre de voix nous impressionne, son ton est déterminé, sa parole nette, expressive et persuasive. Rien à voir avec un hippie mal vêtu aux cheveux trop longs!

Ce qui m'impressionne encore davantage, c'est son sourire et son regard assuré. Je m'aperçois néanmoins que j'ai les deux bras bien croisés. Je suis tendue et fronce les sourcils. Je ne ris pas lorsque Jack, c'est le nom de notre conférencier, nous raconte ses farces, et je regarde l'heure toutes les cinq minutes. Je me fais donc quelques critiques :

– Détends-toi un peu Lysette. C'est vrai que tu es fermée. Regarde-toi! Tu n'as pas honte d'être aussi peureuse, sérieuse et ennuyeuse?

Jack, en déployant toutes ses ressources d'énergie, de vigueur et d'intelligence, nous fixe de ses yeux perçants et nous engage maintenant à tenter certaines expériences.

– Fermez les yeux. Vous êtes détendus, très détendus. Vos paupières deviennent lourdes et vous ressentez un bien-être... Bientôt vous allez rencontrer l'ange qui vous guidera... Vous êtes de plus en plus calmes, de plus en plus détendus... Je regarde Yolande et Régine. Elles semblent dans un état de béatitude et de paix. Décidément, elles font totalement confiance à Jack. J'espère seulement qu'elles ne s'enfuiront pas astralement en me laissant ici, seule avec ce groupe endormi. Tout à coup, une jeune femme hystérique se lève et marche vers l'estrade en criant :

– Où est ma sœur? Qu'avez-vous fait de ma sœur?

– Madame, Madame, calmez-vous. Nous allons vous...

Jack n'arrive décidément pas à la faire taire. Elle s'évertue à lui chercher noise. La femme s'adresse maintenant à tous ceux et à toutes celles qui ont les yeux rivés sur elle.

– Ma sœur est disparue. N'écoutez pas ce beau parleur. Il fait partie d'une secte trompeuse et, depuis que ma sœur l'a suivi, ma famille n'arrive plus à communiquer avec elle...

Pauvre femme! Comme elle doit souffrir et se sentir impuissante.

Ses paroles ont excité les murmures de la foule.

Bien réveillées, très troublées, plusieurs personnes quittent les lieux. Je me lève et les deux autres me suivent. Nous marchons à vive allure vers le restaurant du quartier. Tout en sirotant notre café, nous revenons sur les propos de la soirée. Yolande tempête. Elle répète toujours le même refrain :

– J'peux pas croire qu'on s'est laissées attirer par une secte. Je devais être déjà sous l'emprise de Jack. Tu pouvais bien avoir mal au ventre, Lison. Régine s'inquiète :

– Et s'ils nous téléphonent. Ils ont nos noms et nos adresses. Peut-être qu'ils vont nous enlever... ils cherchent des adeptes.

Son imagination l'emporte. Moi ? Je n'ai point de soucis à me faire, car pour une raison ou une autre, j'ai écrit de faux renseignements sur la fiche d'inscription. J'ai suivi mon pif ! Une petite voix, à peine audible, m'avait avertie : il y a quelque chose de louche ici...

J'avais donc pris mes précautions.

Aujourd'hui, je ris parfois de ces années soixante-dix, ces années de libération, de nouveautés, d'explorations, de folies et de sciences occultes. Néanmoins, de cette rencontre avec le beau Jack, il m'est resté un petit goût d'encens, un sentiment oppressant, et chaque fois que j'y pense, je me sens envahie par une impression d'étrangeté, presque de malaise et de crainte.

Tant mieux ! Depuis ce jour, je suis davantage prudente et je ne trahis plus la voix de mon intuition. Il faut parfois se méfier des beaux Jack.

* * *

Vous avez déjà songé aux conséquences malheu-
reuses, parfois désastreuses, d'une parole blessante,
d'un geste violent, dont le souvenir entretient un tour-
ment qui ne s'efface pas? Ici se pose la question du sen-
timent moral, la culpabilité, le remords.

À son corps défendant, on est un jour ou l'autre
l'auteur d'un acte manqué, irréfléchi, que l'on mesure
après-coup, souvent quand il est trop tard pour se re-
prendre, réparer ce que l'on a maladroitement atteint,
voire cassé.

Jacques Flamand

S'en aller sans se retourner

Il y a des mots qu'on regrette d'avoir dits; on les
repasse souvent dans son cœur, réfléchissant à leur
portée réelle, se laissant convaincre qu'ils étaient insi-
gnifiants, pour enfin les reprendre et leur donner tant
de poids qu'on finit par les juger, les déclarer coupables
du déroulement des choses. Ah! Comme on voudrait
les effacer, les oublier. Impossible pourtant de garder
la porte close sur la mémoire des choses. Boulet au
cœur.

Comment aurais-je pu savoir qu'à la fin de ce soir-
là, plus rien ne serait pareil?

Il était dix-neuf heures. J'étais seule, mon mari et
mes enfants profitant de la semaine de vacances, pour
faire une sortie au cinéma. Je rangeais les décorations

du temps des fêtes en écoutant mon nouveau disque trente-trois tours d'Aznavour. J'avais cuisiné pendant la journée et un parfum de pommes, doucereux et acidulé, imprégnait la maison. On sonna à la porte. Persuadée qu'il s'agissait d'un autre louveteau transformé en vendeur de chocolats, j'ouvris et ne pus retenir une exclamation de surprise !

– Lili, Lili ! Mais qu'est-ce qui t'arrive ?

Une amie d'enfance était là, décoiffée, le regard perdu dans les larmes, l'air désemparé. De cette visite, je garderai toujours l'image, cruellement désolante, d'une petite silhouette à ma porte, et la sensation du froid du dehors qui entra dans la maison avec elle. Elle balbutia :

– C'est fini ! Je suis partie.

Évidemment, je savais Liliane malheureuse en ménage depuis très longtemps. Il m'était donc facile de deviner qu'elle venait de laisser son jaloux de mari. La surprise de cette nouvelle me cueillit néanmoins de plein fouet, car même si Lili menaçait souvent de le laisser, c'était parler pour parler, ses propos et confidences étaient toujours sans lendemain. En la serrant sur mon cœur, je répétais :

– Ma pauvre petite ! Ma pauvre petite !

Je me ressaisis à la fin.

– Tiens, voici un cintre, enlève ton manteau, je te prépare une tisane. Assois-toi à la table et raconte-moi ce qui s'est passé.

Elle me rappela que son mari était dépressif après avoir perdu son emploi, qu'il souffrait de crises d'angoisse de plus en plus fortes et était devenu invivable depuis quelques mois. Certains jours, il buvait, la menaçait même. En sanglotant, le dos courbé, les mains nouées sur ses genoux, elle répétait :

– Je n'ai pas fait autant que j'ai pu pour l'aider, j'imagine. J'ai envisagé tous les moyens de le secouer un peu, de lui faire prendre conscience qu'il devait chercher de l'aide. Il est si méfiant. Il croit que je fricote avec le médecin quand ce n'est pas avec son ancien patron. Tu sais qu'habituellement je finis toujours par me mettre à genoux devant lui, le suppliant de se calmer, de retrouver ses esprits. Ensuite, ça va bien un temps puis... Eh bien, cette fois, j'ai claqué la porte. Je ne sais pas ce qu'il va faire maintenant... Pardonne-moi de te raconter mes pauvres ennuis.

– Et tes filles, où sont-elles ?

– À l'heure qu'il est, Annie et Maryse suivent un cours et dévalent les pentes de ski d'Edelweiss. C'est lui qui doit aller les chercher vers vingt heures trente. Mon départ du foyer ne les surprendra pas trop, elles s'y attendent.

– Tu veux coucher ici ?

– Non, non... ma mère m'attend. Elle aussi est au courant.

La chanson tournait :

Il faut savoir encore sourire
Quand le meilleur s'est retiré
Et qu'il ne reste que le pire
Dans une vie bête à pleurer[14]

Je me creusais la tête, je ne savais pas trop comment alléger le chagrin de mon amie. Je cherchais à la faire rire un peu. Il faut dire que c'était avant mes cours d'écoute active et de relations humaines.

---

14.   Charles Aznavour, *Il faut savoir.*

– Tu veux de la compote de pommes ? C'est un excellent remède contre bien des maux, anesthésie maximale.

Elle fit mine de sourire. Humour bizarre ! Je ne peux décrire ce qui se passait en moi, mais j'avais un tel besoin de trouver des mots que je parlais sans plus me taire, je cherchais à cacher mon impuissance. C'était au temps où je me défendais encore de souffrir avec les autres...

– Tu verras, tout s'arrangera. Bof ! Pas de quoi en faire un plat, rien qu'une mauvaise passe. Ça le fera réfléchir, bonne chose. Après toutes ces années passées ensemble il ne te fait pas encore confiance ? Ha ! Il a ce qu'il mérite... Il lui faut une aide professionnelle, tu n'y peux rien. Demain, il prendra conscience de ses erreurs.

Et tout en prophétisant de plus beaux jours, je lui disais que son Jean-Pierre était comme ceci, ou comme cela, un imbécile par moments, un égoïste à la fin. Je ne trouvais pas de mots assez forts pour exprimer mon mépris pour cet homme qui la rendait si souvent penaude et tourmentée. Quand j'y repense, je sais que j'avais alors passé les bornes de la conversation polie ou du dialogue aidant.

Le téléphone interrompit brutalement mon discours. C'était lui.

– Je sais qu'elle est là. J'ai besoin de m'excuser, je me suis trompé... je ne peux vivre sans elle.

Aujourd'hui, je voudrais qu'il lui ait parlé. Il me semble que sa voix hurle toujours :

– À l'aide ! Au secours !

Liliane avait ouvert la bouche pour articuler quelque chose, cherchant des mots qui ne venaient pas. Je mis la main sur le combiné, le temps de protester à voix basse :

– Chut! Reste tranquille...

J'étais froide, d'une sévérité imperturbable. De quel droit envahissait-il notre havre de paix? J'adoptai un ton rogue avec cet interlocuteur qui m'irritait au plus haut point.

– Laisse-la tranquille! Arrête de bluffer. Tes promesses d'ivrogne, elle n'en a pas besoin.

Clic! Le silence.

Il faut savoir quitter la table
Lorsque l'amour est desservi
Sans s'accrocher l'air pitoyable
Mais partir sans faire de bruit [15]

Je me voyais mériter la palme du courage, moi la bonne amie, la sauveuse de l'heure! Ma visiteuse, à l'âme brisée, me confiait ses malaises, ses craintes et moi, je les relativisais en comparant sa situation à celle de la voisine ou de ma cousine. Je lui prêtai quelques livres de ma bibliothèque personnelle : *Réinventer le couple* et *Des jeux et des hommes*. J'étais jeune et insensible.

Vers vingt et une heures, le téléphone sonna à nouveau. C'était Annie.

– Allô! Ne quitte pas, s'il te plaît.

Cette fois, sans hésiter, je passai l'appareil à Liliane.

Jean-Pierre n'était pas allé chercher les filles. Elles attendaient impatiemment. Furieuse, Liliane s'engouffra

---

15. *Ibid.*

dans la nuit, en me promettant de m'appeler dès le lendemain matin.

Peu de temps après, ma famille arrivait. Mon mari et les jeunes, ravis d'avoir vu *Les requins de la mer,* me racontaient, à tour de rôle, un scénario d'horreur sans précédent.

– Imagine ça, Maman ! La jeune fille, la première victime, on l'a retrouvée morte, atrocement déchiquetée par un grand requin blanc...

Enfin, je ne pouvais m'imaginer une pire histoire de terreur et je me félicitais de n'avoir pas choisi d'accompagner mes adolescents au cinéma du quartier.

Bientôt, après une petite collation et les « Bonne nuit Mam, bonne nuit Pa... » les jeunes allèrent se coucher.

Ouf ! une fois bien installés à la table devant nos cafés, nous commencions à parler de Liliane et de son Jean-Pierre, lorsque le téléphone sonna le glas de leur histoire...

> *Il faut savoir rester de glace*
> *Et taire un cœur qui meurt déjà* [16]

Je ferme les yeux et je retrouve cette scène dans tous ses détails au fond de mon souvenir. Je quittai la table, décrochai l'appareil :

– Allô !

Et je reçus comme un couteau dans la poitrine les mots glacés de Liliane, prononcés d'une voix atone et détachée :

– Une fois les filles dans la voiture, elles voulaient venir avec moi chez leur grand-mère, mais Maryse

---

16. *Ibid.*

insistait pour passer à la maison. Elle voulait son gilet bleu... Toutes les lumières de notre chez-nous étaient allumées. Ça me paraissait étrange. J'ai dit aux filles de m'attendre. En entrant, je savais... par intuition, je savais. Je suis descendue au sous-sol, dans la salle de jeu et je l'ai trouvé... Les policiers sont ici...

CRIER... oui j'ai crié. Saisie d'une paralysie, je tombai à genoux.

Je sais bien que ce ne sont pas mes paroles qui ont tué Jean-Pierre et que je devrais cesser de me morigéner. Pourtant, je reviens toujours sur mes mots et ma manière de les proférer. Peut-être ont-ils été le coup de scalpel qui a arraché le dernier morceau d'espoir de son cœur.

Dans un excès de zèle, j'avais voulu intervenir, protéger Liliane. Aujourd'hui, oui, je voudrais qu'il lui ait parlé une dernière fois. Je souhaiterais, Dieu le sait, avoir été fine d'oreille, lui avoir dit des paroles de douceur. À la fin, j'ai bien regretté de n'être pas allée voir ce film d'épouvante à faire tourner les sangs. Peut-être que je ne regarderais plus l'océan de la même façon, mais sans doute serait-il plus facile de vivre avec une histoire imaginaire que de toujours refaire mon cinéma autour de la dure réalité de ce soir-là. J'aimerais oublier...

> *Mais moi, je ne peux pas*
> *Il faut savoir mais moi*
> *Je ne sais pas...* [17]

* * *

---

17. *Ibid.*

Burn out[18]

En vérité, je ne me souviens plus trop quand donc j'ai compris, pour la première fois, que je devais quitter l'enseignement.

Depuis l'âge de six ans, lorsque j'avais mis, pour la première fois, les pieds dans une école du New Sudbury, j'avais conservé en moi le goût des classes et le modeste rêve d'y participer pour toujours.

Mais la vie nous joue de drôles de tours, nous surprenant parfois à des tournants qui nous sollicitent ailleurs. Le cœur au bord de l'angoisse, j'étais un jour confrontée à prendre une décision. Comme parquée dans un cul-de-sac, à bout de nerfs et de fatigue, je ne voyais pas encore le nouveau sentier à parcourir mais je sentais qu'un changement s'imposait. Ce qui me blessait tellement, c'était d'accomplir sans goût ma tâche quotidienne. Par le passé j'y avais mis tant d'énergie, d'enthousiasme et d'élan.

JE N'ARRIVAIS PAS À ME L'EXPLIQUER...

Pourquoi ? Je m'affairais à chercher les origines de mes ennuis. Je plaidais ma mise en cause et, sans y croire, je répétais les propos des autres. Sombrée intérieurement dans le déplaisir, je m'excusais en me disant :

---

18.   Cette réflexion a déjà paru dans la revue *Entre-nous* de l'Association des enseignants franco-ontariens, volume 17, n° 3, mars 1985.

– La peine que j'éprouve ne provient-elle pas du fait que j'ai une santé trop délicate pour m'occuper de cinq à six leçons par jour, corriger les travaux qui s'empilent, préparer mes cours, en plus de veiller au bien de ma famille ?

Peu après, lasse et triste, je me reprochais de m'être laissée aller, de manquer de courage et je me comparais à tant d'autres de mes collègues qui partageaient le même sort.

– Voyons ! un peu d'effort. Organise-toi davantage.

Ma joie de vivre s'était effacée comme la craie que j'avais tant de fois fait disparaître pour que le tableau soit propre. À moitié présente par moments, la tête parfois dans un étau, je me replongeais dans la routine des journées. À la façon d'un automate, je vivais au son des cloches, assurant mes gardes, mangeant à la hâte, assistant aux réunions et, s'il restait du temps, j'accourais passer quelques textes à la photocopieuse. D'épuisement, je finissais par m'endormir le soir sans trouver de repos.

– Tiens ! ce doit être parce que les enfants d'aujourd'hui sont plus exigeants, moins intéressés. C'est si difficile de les motiver. Il me faudrait être jongleuse, actrice ou grande chanteuse pour les divertir, les amuser. Ou encore... Peut-être que les familles sont trop permissives, instables. Ah ! Non non ! C'est la télévision qui est la grande coupable. Les enfants n'écoutent plus, ils sont trop visuels, passifs même. Le cinéma est trop violent, c'est sûrement ça. La société trop...

Alors, soudainement éveillée, je m'extirpais du lit, encore mal à l'aise de toutes ces idées, de tous ces cauchemars qui me harcelaient. Je croyais tout de même avoir trouvé des réponses à mon désarroi, cela étant plus facile à accepter, je suppose, que d'admettre que cette route, choisie il y avait tant d'années déjà, ne me semblait plus vraiment la mienne.

Ayant commencé à enseigner en 1966, j'avais en 1980 de quoi prendre du recul. Je me posais des questions. Était-ce plus facile jadis ? Le système scolaire était-il différent ? Les exigences moins lourdes ? Les programmes ne devaient pas être aussi élaborés et nombreux ? Les parents appuyaient-ils davantage les éducatrices et les éducateurs ? Les élèves se montraient-ils plus polis, plus respectueux, étaient-ils plus livresques ? Et moi ? Étais-je devenue trop ancienne dans mes méthodes, trop sérieuse, trop vieille ?

En ce temps-là c'était...

Je pensais à mes premières années d'enseignement à des classes de septième et de huitième année, éprouvant de la compassion pour cette institutrice nouvelle et zélée, qui avait appris par ses erreurs, mais avait aussi de bons souvenirs, la gorge nouée d'émotions. En 1968, je me dévouais à la biologie, à l'english, à l'enseignement religieux au secondaire. En moins d'un mois, cela me revenait à la mémoire, ma classe avait monté toute la pièce de Shakespeare, *Twelfth Night...* Comment l'oublier ?

Depuis, j'avais enseigné du français aux arts plastiques puis aux valeurs humaines et encore... Faute d'ancienneté (j'avais démissionné de mon poste pour fonder une famille), je me ramassais maintenant chaque année avec un nouveau programme ou des niveaux différents.

Je pressentais, malgré tout, que toutes les raisons évoquées ne justifiaient pas entièrement mon manque de bien-être dans le système.

Surmenée, je me sentais souvent seule et je me demandais où était rendue la solidarité que j'avais vécue en 1967 lorsque nous passions tant de soirées, enseignantes et enseignants de cette époque, à monter des kiosques, des expositions, des tableaux d'honneur? J'entendais encore résonner les éclats de rire et les chansons joyeuses qui animaient nos efforts. Maintenant, entre nous, j'avais le don de capter à mon insu une certaine méfiance, un climat de reproches et de froideur. J'entendais sans jamais l'entendre dire : « Bof! qu'un tel ou une telle parte, ça arrangerait bien les affaires... » La sécurité d'emploi n'y était plus et chacun surveillait sa place comme on surveille chaque chaise lorsqu'on joue à la chaise musicale et qu'on sait d'avance qu'une joueuse ou un joueur sera éliminé du jeu.

UNE ÉCOLE BLESSÉE... ET MOI AUSSI.

Enfin, je ne pouvais parler de l'École comme si elle était séparée de moi. Si je ne savais plus qui elle était, c'est que je ne savais pas non plus qui j'étais une fois pour toutes. Je la voyais à travers moi et, si elle avait bien changé, moi aussi je portais une histoire qui m'avait beaucoup changée.

Je cessai alors de relever son passé constamment, la blâmant parfois ou la regrettant sans cesse telle qu'elle m'avait déjà apparu.

J'écoutais les arrière-gardistes parler du bon vieux temps, du temps où, à l'école, il y avait discipline (peur? martinet? uniformité de pensée? docilité?)... et les avant-gardistes qui tentaient parfois de parachuter de nouvelles idées sans toujours prendre le temps de les tester; et je comprenais tranquillement que l'École vivait présentement une étape de mutation très pénible, une crise de croissance des plus bouleversantes.

L'École, telle une personne, s'agrippait à de vieilles vérités, régressait par moments, oscillait, se cherchant en cadence, et son visage apollinien qui l'avait fait tant admirer n'attirait plus que ceux qui la voulaient à distance.

Vulnérable, ébranlée jusque dans le tréfonds de son âme, ayant vécu des guerres d'idéologies, des secousses de remises en cause, l'École était devenue un lieu où se jouait en chaque personne un combat. Elle ne pouvait pas plus rompre en visière avec les conditions de son temps que moi qui suis toujours influencée par la génération à laquelle j'appartiens. Cela faisait partie de son processus de maturation, et elle se trouve encore, à l'heure qu'il est, en plein centre de tendances conflictuelles qui ne donnent plus toujours la première place à l'homme, à la femme, à l'enfant. Elle me semble parvenue à une inexplicable impasse et elle souffrira tant et aussi longtemps qu'on tentera de la conserver dans un état qui ne lui ressemble plus.

S'agit-il de la mettre au rancart ou de la renouveler ? Personnellement, je souhaite qu'on allie progrès et prudence à des transformations assez audacieuses, mais définitivement novatrices dans toute sa structure institutionnelle.

HEUREUSEMENT QU'IL Y EN A ENCORE QUI Y CROIENT... MALGRÉ TOUT.

Je sympathise avec les enseignantes et enseignants qui n'ont pas, comme moi, l'option d'y rester ou de partir. Fatigués, ils sont sous pression constante de réussir, de formuler de nouveaux objectifs, souvent très peu nourris affectivement pour leurs efforts, donnant ce qu'ils ont de meilleur, parfois leur petit reste, pour récolter quoi enfin ? Des articles dans les revues et les journaux qui laissent entendre qu'ils sont tout à blâmer si certains jeunes sortent de l'école illettrés ? Un petit cadeau au bout de vingt-cinq ans de service ? On sait qu'un salaire n'a jamais été suffisant pour rendre une personne heureuse. C'est tout un climat d'harmonie et de solidarité qui permet de grandir avec d'autres...

Par bonheur, il se trouve encore des passionnés de la profession. Ceux-là, il faut à tout prix les encourager, les féliciter, les épauler afin qu'ils ne perdent pas leur créativité. Bienheureux les jeunes qui sont exposés à cette créativité. Alors, leur classe est le lieu où il fait bon rire et s'amuser. C'est si facile d'apprendre dans une dynamique de groupe où il y a détente et joyeuse camaraderie.

JE NE POURRAI JAMAIS VRAIMENT QUITTER.

Si en juin 1982 je choisissais de mettre derrière moi ma carrière dans l'enseignement, pour autant je ne coupais pas tous les liens. Telle une famille, l'École ne peut empêcher ses membres de tendre vers leur développement personnel, même si cela se fait en dehors d'elle. Je resterais en relation avec l'École, car la profession nous rend pour toujours responsables de ce que l'on a apprivoisé.

J'ai pris un peu de distance et j'ai donné un peu plus de place à d'autres intérêts. Je suis revenue plus en harmonie avec moi-même et mon milieu scolaire. Je me suis faite proche de l'École autrement. Me voici moins stressée, capable d'aimer cette École stressée en lui apportant ce que je peux, mais en respectant mes limites humaines.

J'ai oublié les litanies et les lamentations d'une pauvre enseignante en détresse. J'adhère toujours à la pensée du prophète Khalil Gibran... *S'il est vraiment sage, [le maître] ne vous invite pas à entrer dans la maison de sa sagesse, mais vous conduit plutôt au seuil de votre propre esprit*[19].

En vérité, je ne me rappelle plus trop quand donc j'ai compris pour la première fois que je ne pourrais jamais vraiment quitter l'enseignement.

* * *

Le quatre-saisons

Un jour, une amie arrive chez moi en trombe, le visage ruisselant de larmes. Nous sommes en 1984! Son père est mourant à l'hôpital et, ce matin-là, le médecin a parlé à la famille :

– Le cancer de votre père est très avancé... avec tous nos traitements, nous avons l'impression de faire de l'acharnement thérapeutique...

Enfin, une décision doit être prise. En arrêtant toutes les interventions médicales, le mourant partira d'ici quelques jours. En continuant, il pourrait encore vivre un mois ou plus. Elle me raconte le dilemme de sa famille. Je l'écoute. Je ne sais vraiment pas quoi dire. Et puis, pour lui changer les idées, je lui propose de marcher un peu dans le jardin. Il fait si beau !

Nous venons d'emménager dans une nouvelle maison, ça fait à peine deux mois que nous y sommes.

---

19. Khalil Gibran, *Le prophète*, Casterman, 1956, p. 56.

Tout en marchant, j'aperçois un quatre-saisons en pot, tout en fleurs. Je suis étonnée !

Je raconte à celle qui ravale ses larmes, qu'en déménageant, Maurice avait failli jeter ce plant. Ce quatre-saisons semblait fini, complètement mort, et j'avais protesté. Je termine mon anecdote en disant :

– Heureusement, car le voilà qui nous offre une fleur.

– Mais Lysette. C'est un signe ! me répond l'amie en peine. Il faut continuer d'espérer. Papa a peut-être quelques fleurs à nous offrir avant de mourir.

Son père était alcoolique et il vivait séparé de sa mère. Les enfants ne l'avaient pas beaucoup connu mais, depuis qu'il était alité et impuissant à l'hôpital, ils y allaient tous les jours. C'est toujours difficile de laisser partir quelqu'un en quiétude, surtout lorsque notre relation, avec lui ou elle, n'est pas bouclée.

Viviane a pu découvrir en son père un homme qui aimait les animaux, qui s'intéressait au petit écureuil qui visitait son rebord de fenêtre à l'occasion, un homme qui avait bien du chagrin dans son cœur, un homme très sensible.

Ce père de la dernière heure a eu le temps de leur laisser de très bons souvenirs en héritage, de leur montrer la beauté des fleurs intérieures qu'il cachait au fond de son âme... Viviane, sa sœur et ses frères, se sont réconciliés avec lui et, par le fait même, avec leur passé.

Ce grand malade, gisant sur son lit de mort, a su accueillir sa souffrance dignement et dire adieu noblement... il était même reconnaissant d'avoir la chance de vivre cette quatrième saison de la vie.

* * *

Vouloir écarter de sa route toute souffrance, signifie se soustraire à une part essentielle de la vie humaine.

Konrad Lorenz

Au nom de tous les siens

Le dimanche dix-neuf août 1984, en conversant avec ma mère au téléphone, j'apprends que papa a fait une crise d'angine dans la nuit. D'une voix nerveuse et fatiguée, elle répète :

– On pensait que c'était son arthrite, comprends-tu ? Pendant une bonne heure et demie, y'est pas arrivé à dormir, mais en dépit de tout ça, y va mieux à matin, beaucoup mieux. Y'est un peu caduc pis y'ira pas charroyer des barils de terre aujourd'hui, mais ses couleurs sont revenues. Y parle déjà de finir la construction de sa porte de garage.

Je ne me tracasse guère pour lui. Je me crois plutôt tenue de réconforter ma mère qui, en proie à l'énervement, a l'habitude de grossir les événements.

– Y faut pas se faire des chichis avec ça, Mom. Dad a soixante-deux ans, mais tu sais comme il est fort. C'est normal d'avoir de p'tits malaises à l'occasion. Depuis qu'il a arrêté de fumer y'a trois mois, tu l'sais, ça lui arrive de grignoter des pinottes, c'est peut-être juste une indigestion.

Le lendemain soir, j'invite mes parents à visionner avec nous le film d'Enrico Robert *Au nom de tous les miens.* Très souvent, papa avait exprimé le désir de voir cette production cinématographique.

Cette histoire se déroule au moment où éclate la Deuxième Guerre mondiale. Martin Gray, un adolescent juif polonais de seize ans, est enfermé par les nazis dans le ghetto de Varsovie où, avec sa famille, il tente de survivre en faisant de la contrebande avec des malfrats. Chaque jour, les Allemands raflent des milliers de juifs pour les envoyer vers l'est d'où ils ne reviennent jamais. Un jour, c'est au tour des membres de sa famille d'être emmenés et, ne voulant pas les abandonner, Martin s'embarque avec eux dans des trains de marchandises. Arrivé à destination, le camp de concentration de Treblinka, il est séparé de sa famille et, très vite il découvre l'horreur du camp d'extermination, où il verra tous les siens périr.

Malgré le drame qui se déroule à l'écran, je surveille papa étroitement, remarquant que sa main se porte souvent vers sa clavicule gauche et qu'il grimace. Persuadée que le film est trop bouleversant pour lui, j'arrête la cassette vidéo et je l'interroge :

– Tu vas bien Dad ? J'peux t'offrir une bière ? Tu veux te caler dans un autre fauteuil ? Profite du tabouret pour allonger tes jambes. T'as mal à l'épaule ?

Il sourit en répondant à ma dernière question :

– Un p'tit peu, mais le secret, ma fille, c'est d'avoir mal à deux endroits. Lorsque t'as mal au bras, tu oublies ton bobo à la jambe, ou ben le contraire.

Nous ne résistons pas à l'effet contagieux de son rire. Pause bienvenue après l'horreur des images que nous venons de voir.

Le mardi soir, vers vingt-trois heures, je reçois un autre coup de téléphone :

– Ton père a travaillé un peu dans son garage à matin. Après-midi, il a fait un somme.

Un somme ? Je réagis fortement tout en me rappelant que je ne dois pas céder à la panique. Jamais, au grand jamais, n'ai-je vu mon père se coucher ou s'étendre pendant la journée. Il s'est toujours interdit cette dérogation. Pour lui, la nuit était là pour dormir et le jour pour travailler. Il associait même à de la paresse la détente ou la sieste en plein jour. Cachant mon désarroi de mon mieux, malgré l'heure, j'interromps son discours.

– Hein ? Papa a fait la sieste ? Il faudrait appeler le médecin, Mom...

– Oui, oui, attends une minute ma fille, laisse-moé finir. J'ai appelé son docteur qui pouvait pas y donner un rendez-vous avant jeudi matin. Réal est venu à l'heure du souper pis y s'est assis sur la galerie avec lui pour y raconter qu'un joggeur du coin avait eu les mêmes symptômes avant de faire une crise cardiaque, que son malaise pouvait être plus grave qu'il l'estime... C'est comme ça qu'après le départ de ton frère, j'ai réussi à le convaincre de se rendre à l'hôpital. Y'a conduit lui-même son auto, pis là, ben, ils l'ont gardé en observation. Le médecin de l'urgence a parlé d'une autre crise d'angine ou de troubles gastriques peut-être...

Cette nuit-là, le sommier grince tant je m'agite et me retourne sur le matelas dans mon inquiétude nocturne. Je sais d'ores et déjà que je suis aux prises avec une réalité défaillante... Étendue dans l'obscurité et le silence, je me demande si je fais un mauvais rêve. Un poids pèse sur ma poitrine. Je repense au père de mon enfance qui nous fabriquait des toupies avec des bobines de fil, qui chantait fièrement et dignement le *Minuit chrétien* à la messe de Noël, qui nous présentait des tours de magie ou qui arrivait heureux à la maison, portant un sac rempli de fraises, de crème d'habitant et d'un pain croûté français. Mon adorable blagueur, mon modèle de sagesse, mon maître à penser, celui qui me trimbalait sur son dos sans se lasser, mon papa carré d'épaules, qui se promenait sur les pistes de sa vie en sifflotant, celui que je souhaitais garder toujours près de moi, *ad vitam aeternam.*

À la première lueur du soleil levant, j'appelle au Centre hospitalier de Gatineau. L'infirmière de garde me dit qu'il s'est endormi tard la veille, qu'on lui a fait plusieurs prises de sang et qu'on lui a installé un moniteur cardiaque, simple précaution.

Enfin, vers dix-huit heures, pendant que mon mari s'occupe de nos trois jeunes, je me rends près de mon père... Ah! Je suis si contente de le voir se promener. Ça va mieux! On l'a déménagé du centre d'observation à la chambre 6218 au sixième, et on lui a même enlevé le moniteur. Son moral est bon, comme toujours, même s'il a les yeux cernés et, à vrai dire, il semble en pleine forme. Je devine qu'il a refusé de porter la jaquette bleue des patients, car le voilà vêtu d'un pantalon propre en coton et d'un chandail d'été blanc. Il se promène un peu partout, prenant soin des malades autour de lui :

– Voulez-vous que j'aille vous chercher un café Monsieur Lanctôt? Et vous, Monsieur Tourigny, voulez-vous faire monter votre lit un p'tit peu?

C'est bien lui ça! Il n'a pas son pareil. Toujours prêt à rendre service et à semer la bonne humeur, exhibant une largesse d'esprit et de cœur. Il s'assoit, cédant à mon ton insistant, et ses propos plutôt sécurisants arrivent à dissiper toutes mes craintes.

– Je suis traité comme un roi, ma belle Zoutte. [20] Trois docteurs qui sont venus me voir tantôt, le repas à soir était vraiment délicieux, j'ai la télévision dans ma chambre et puis un journal. J'ai tout c'qu'y m'faut. C'est la première fois de ma vie que j'me retrouve à l'hôpital mais si j'avais su qu'on était aussi ben icitte, j'serais peut-être venu avant...

Pourtant, à onze heures ce même soir, papa sera transféré aux soins intensifs. Trois nitros sous la langue, de la nitro dans le bras et son mal ne part pas, c'est un infarctus. Nous sommes plusieurs à nous rendre sur les lieux : ma mère, ma sœur Gaëtane et son mari Louis, ma sœur Colette, mes frères Guy et Claude. Docteur Berris nous parle de morphine... Lorsque j'ai enfin la permission de voir mon père, je remarque sa peau perlée de sueur. Malgré la très grande douleur qui envahit sa poitrine, il me regarde et murmure de sa voix à peine audible : « Ne laisse pas ta mère me voir comme ça... »

Nous téléphonons à ma sœur Lynne qui est à Québec, à Marc, notre frère qui étudie en médecine et fait un stage à Terre-Neuve, et à Louise, infirmière, la plus jeune de la famille, nous assurant de lui peindre la situation avec des mots bien choisis, la protégeant, ne voulant pas l'effrayer.

Ensemble, nous discutons longuement. Conscients des risques, nous décidons quand même de demander son transfert au département de cardiologie, à l'Hôpital Civic d'Ottawa. Bizarre comme je retrouve encore en moi tous les menus détails de cette journée. Je revois ma mère dans son silencieux égarement, une bouteille de Maalox dans son sac à main.

---

20.   Le sobriquet qu'il m'avait donné dès ma naissance....

Lynne arrive de Québec vers quinze heures et bientôt, à son tour, elle entre le voir. Elle regagne la salle d'attente afin de nous rapporter ses paroles. Il semblait, dit-elle, heureux de son arrivée, même s'il était à moitié assoupi. Il a un petit tube d'oxygène dans le nez, un moniteur, du dextrose. Le moindre détail nous intéresse. Mes beaux-frères, Raynold et Denis, décident de rester là pour la nuit avec mon frère Guy, au cas où...

La sœur de Maurice et son mari, Gaëtanne et Jean-Guy, dans leur grande bonté, leur compréhension et leur générosité inoubliables, s'occuperont de nos trois enfants pendant que Maurice et moi vivrons cette semaine interminable de hauts et de bas au chevet d'un homme irremplaçable. Il était si important de nous rejoindre, frères et sœurs et conjoints, serrés tremblants, les uns contre les autres.

Le vendredi après-midi, lorsque Marc arrive à son tour, de cette province de l'est qui l'hébergeait depuis plusieurs mois, il trouve papa en train de lire son journal et se préparant à manger un léger repas.

Son état est satisfaisant mais, le soir venu, l'infirmière en chef nous annonce qu'il a de l'eau sur les poumons. Cette fois, Maurice, Raynold, Guy, Claude et Marc resteront avec lui pour la nuit. Maman se jette dans les bras de l'un ou de l'autre.

Le samedi matin, nous allons tous aux funérailles du père de Sergine, notre belle-sœur, l'épouse de Réal. Un malheur n'attend pas l'autre. Agenouillée en prière, je me perds dans des divagations. Papa ne sera pas seul dans l'au-delà, il aimait bien Monsieur Lacroix. Je ferai une neuvaine, j'allumerai des lampions. Que font mes enfants à cette heure et comment leur dire que leur grand-père est mourant ? Que fera maman ? Pourquoi le médecin ne veut-il pas opérer ? Papa veut-il être incinéré ? Ô horreur !

Évidemment, nous pleurons tous à chaudes larmes, car l'occasion est belle, de se vider du trop-plein de nos émotions.

En après-midi, Docteur Quinn, un autre spécialiste, nous rassemble :

– *There are some uncommon complications...*[21]

Sous l'effet de la commotion, maman insiste :

– Y'a jamais rien eu au cœur. Non ! René s'est jamais plaint de rien. Dites-y au docteur que votre père y'a jamais manqué une journée de travail pis qu'y'a toujours eu une bonne santé.

Moi qui ai toujours refusé de parler de maladies, feignant même d'ignorer les mots les plus simples pouvant s'y rattacher, me voilà en train de lire dans de poussiéreux bouquins qui garnissent depuis toujours les rayons de ma bibliothèque des articles sur la péricardite et l'œdème pulmonaire. Je cherche des réponses apaisantes, sachant pourtant, au fond de moi, que le pire est à venir.

Encore une fois, ce soir-là, nous quittons les lieux, bien à reculons, laissant derrière nous Réal, Marc, Louis et Denis. Les paroles de Jésus résonnent en moi : « Demeurez ici et veillez avec moi ».

Miracle de peu de durée ! Le dimanche matin, le paternel fait des farces :

– Je crois que j'poserai pas ma porte de garage aujourd'hui par exemple...

---

21.   Des complications ont aggravé son état...

Mais l'heure du dîner n'est pas encore arrivée qu'il est en déficience cardiaque et que le médecin parle de nitro-régurgitation. Il faut l'intuber à nouveau...

   – *We are going to put in a pace maker for three or four days...*[22]

J'ai une boule dans la gorge. Tout me semble irréel. Je n'entends plus que des mots : angiogramme, cathétérisme et des bouts de phrase, comme un ballon... pas d'opération... artères trop bloquées...

Je n'aime pas voir pleurer ma mère. Pourtant, son comportement hystérique m'éloigne d'elle... j'ai peur. Des pensées évangéliques montent en moi : Je vous demande de *rester unis,* de vous aimer...

Ce soir-là, toute la famille demeurera, chacun assis sur sa chaise, dans l'intimité d'une salle d'attente exclusive... une salle aux murs roses et à la lumière tamisée, une salle qui ressemble aux salons discrets des lieux de soins palliatifs, les mouroirs qu'on retrouve dans certaines résidences pour personnes âgées. Quelques sanglots cisaillent le silence et les regards éperdus de fatigue se croisent, cherchant des signes de l'infini.

Le lundi matin, nous sommes plus battants que jamais, prêts à reprendre la lutte. Il se sent peut-être trop seul, il a besoin de ses neuf enfants, non ? Réal et Claude pensent qu'il faut s'armer de pensées positives et lui faire faire des exercices de détente... Désespérée, je fais ajouter des vitamines dans son dextrose, pourquoi pas ? À tour de rôle, nous nous approchons de lui, frôlant sa joue, afin de lui chuchoter à l'oreille des mots et encore des mots, peut-être pour nous rassurer, je ne sais pas :

---

22.   Nous allons placer un stimulateur cardiaque pour trois ou quatre jours...

– Tout est possible à celui qui croit. Respire lentement et visualise-toi en pleine forme... Tu verras, ça ira... cinq minutes à la fois... repose-toi !

Vers dix-sept heures trente, il fait des signes qu'il nous comprend. Vers minuit, sa pression artérielle est meilleure.

Ma belle-sœur Lesley, et plusieurs autres insistent pour rester. Comment le laisser ?

Le mardi 28 août, vers dix heures, le docteur Zelznick nous annonce :

– *There is a slight improvement... we are considering taking off the balloon. Actually, he is doing fine...* [23]

Nous nous accrochons à ses paroles comme à une bouée de sauvetage, nous voulons tant y croire.

En soirée, il va si bien que nous sommes quasi euphoriques.

À onze heures, une autre insuffisance cardiaque.

À minuit pile, maman est devenue veuve et, malgré le temps, elle n'arrivera jamais à faire son deuil et moi, je cacherai longtemps une folle envie de me rouler par terre et d'y rester. Ô cruel arrachement de la mort.

Épilogue

Lorsqu'on porte en terre un père comme le nôtre, les mots prennent une importance capitale, une pesanteur définitive. Quand Réal, au cours de la cérémonie funèbre, réussira à lire son élogieux hommage, nous reconnaîtrons, sans hésitation, le dernier acte de la vie de cet homme tant aimé :

---

23.   Il y a une légère amélioration dans sa condition. Nous pensons même enlever le ballon. En fait, il va bien...

Homme de foi et de convictions profondes et se sachant lui-même promis au vieillissement et à la poussière, sa nature d'observateur, de songeur, de penseur l'a conduit à s'élever dans l'amour de Dieu et des hommes qui sauve de la mort.

Le plus propre et caractéristique de cet homme a été son dévouement total, son don et l'abandon de son être, de son moi, pour sa famille, ce grand amour et cette très vive et rassurante confiance en sa famille, en ce qu'elle représente historiquement dans sa longue lignée de fiers bâtisseurs, en ce qu'elle promet de rassurant pour l'avenir et en ce qu'elle constitue de force vive et dynamique dans le présent. Pour ce mari, ce père, ce fils et ce frère, la famille a résumé et capté tous ses efforts et a constitué le début et la fin de toute sa vie. Ses efforts n'avaient de sens que s'ils contribuaient au plus grand bien de sa famille. Son message a été compris. Sa vie a été comprise; et nous resterons unis en notre père dans l'espérance. [24]

Quelques mois plus tard, toujours inconsolable, un trop grand trou dans la poitrine, j'ouvrais un livre de Martin Gray pour y recueillir les paroles suivantes et pour enfin sentir que père veillait toujours sur moi, à sa façon :

*Il faut que l'homme apprenne à voir la mort
comme un moment de la vie. [...]
Être fidèle à ceux qui sont morts
ce n'est pas s'enfermer dans sa douleur.*

---

24.   Lapointe, Réal, Hommage à papa (René D. Lapointe), le samedi premier septembre 1984 en l'église Saint-Alexandre de Limbour, Gatineau, Québec.

Il faut continuer de creuser son sillon :
droit et profond.
Comme ils l'auraient fait eux-mêmes.
Comme on l'aurait fait avec eux. Pour eux.
Être fidèle à ceux qui sont morts
c'est vivre comme ils auraient vécu.
Et les faire vivre en nous.
Et transmettre leur visage, leur voix,
leur message aux autres.
À un fils, à un frère, ou à des inconnus,
aux autres quels qu'ils soient.
Et la vie tronquée des disparus
alors germera sans fin[25].

* * *

Rêve bleuté

Souvenir : été 1986.

Nos trois adolescents somnolent à l'arrière de la voiture.

De Gatineau, depuis les premières lueurs matinales, nous roulons presque joyeusement vers Timmins, la ville où mon mari a passé sa jeunesse.

Maurice voudrait, avant que nos jeunes aient acquis leur indépendance, leur montrer la maison familiale, son chez-lui.

---

25.   Martin Gray, *Le livre de la vie*, Éditions *J'ai lu*, Paris, 1983, pages 133 et 134.

Il rêve de leur faire voir son école primaire Saint-Charles, son école secondaire Don Bosco, l'église Notre-Dame de Lourdes, le Collège Sacré-Cœur...

Nous conversons à voix basse, car nous apprécions ce temps de répit. Trêve précieuse.

Les jeunes se sont chamaillés, tantôt, au sujet de la musique à la radio et leurs différends ont dégénéré en disputes.

Pierre voulait écouter de la musique techno et les filles préféraient le groupe *Platinum Blonde.* Pour se venger, elles ont fini par lui dire qu'il avait l'air Gino et lui, il a répliqué qu'elles étaient des bébés lala.

Nous sommes habitués à ces désaccords qui tournent au vinaigre, car être parents de trois jeunes de seize, quatorze et treize ans, c'est comprendre, avec patience et compassion, les crises identitaires qui les déstabilisent, et c'est tolérer les sautes d'humeur hormonales de cet âge.

Enthousiaste et heureux de se retrouver sur une route bien familière, par un beau jour du mois d'août, Maurice lance une proposition.

– Nous arrivons à Rouyn-Noranda. Tu sais, si on continue sur la route 117, en direction ouest, on va voir le Mont Chaudron. C'est juste à la limite entre le Québec et l'Ontario. J'ai grimpé au somment de ce mont quand j'étais blanc-bec et puis, avec mes camarades de l'époque, nous allions parfois y ramasser les meilleurs bleuets, à peu près à ce temps-ci de l'année. Pourquoi ne pas faire une halte ? Ô temps, suspends ton vol.

Je souris.

Moi qui viens de Sudbury, la capitale du bleuet sauvage en Ontario, il m'est bien facile de visualiser les cipâtes de bleuets, les tartes et les gâteaux que cuisinait ma mère lorsque nous allions cueillir ces baies sucrées.

Séduite par ce rêve bleuté, je réponds :

– Allons-y chéri. Les enfants vont sûrement en raffoler....

Peu de temps après, j'aperçois une montagne bizarre, incomparable, unique en son genre, une sorte de chaudron de soupe qu'on aurait inversé et abandonné là.

Sur un de ses versants, poussent des arbrisseaux qui me font penser à des bonzaïs.

Ce jardin, à flanc de colline, me pousse à m'écrier comme si j'étais devant la terre promise :

– Julie, Manon, Pierre, réveillez-vous ! Jetez un coup d'œil par la fenêtre ! Regardez où on est rendus ! Au Mont Chaudron ! Vous n'avez jamais cueilli de bleuets ? Vous allez voir, c'est très amusant. Venez vite !

– Ben, on n'a pas de paniers... marmonne le fils.

– Pas de problème, dit son père, déjà à l'ouvrage, je suis en train de tailler de vieux bidons d'eau en plastique. Ce sera parfait.

– Est-ce qu'il faut en ramasser ? ose demander la benjamine.

Je commence à perdre mon calme.

Qui a écrit « Il lui fait dans le flanc une large blessure » ?

Racine avait-il des adolescents ? Je me surprends toujours en train de faire des liens dans des moments aussi exaspérants. Drôle comment notre pensée peut se promener...

Je continue à raisonner.

Lorsque nous sommes parents, il faut apprendre par moments à recevoir les injures ou les déceptions en silence, tel le Christ à qui on a fait une plaie béante en son flanc.

Voyons, je divague encore. Je suis rendue très loin. Il me faudrait un mantra pour me concentrer...

Maurice s'enthousiasme :

– Aye ! les jeunes, venez voir ce que j'ai trouvé. Une talle de bleuets comme on n'en voit pas souvent.

– Pa ! J'peux-tu rester dans la bagnole ? Y'a plein de roches pis j'ai mal aux pieds...

C'est notre Julie, en sandales, qui se lamente.

– J'pense que j'entends un ours. Moi aussi j'veux retourner m'asseoir dans l'char.

En écho, cette fois, je reconnais la voix de notre Manon.

Froissé, ma douce moitié s'exclame :

– Bande de flancs mous ! Quand j'avais votre âge, je montais jusqu'au sommet puis...

Avant que mes trois amours blasés passent à la casserole, je soupire.

– Chéri, si on veut arriver à Timmins avant le souper, peut-être qu'on est mieux de rouler... Est-ce qu'il y a un McDo dans la ville ?

Mon Timminois me sourit. Il a tout compris. Alléluia !

– Veux-tu dire « ... adieu veau, vache, cochon, couvée, cipâte aux bleuets... » ma femme, chère compagne sortie de mon flanc qui m'a donné de si adorables enfants ?

En folichonnant, nous filons.

Quelques heures plus tard, nous sommes rue Middleton.

– C'est ici que je jouais à la balle avec mes amis puis, regardez ici les jeunes, votre tante, ma sœur Gaëtanne et moi, nous aimions bien sauter par-dessus la clôture pour...

Je n'ose pas trop me retourner. Que font mes grands trésors ? J'en entends un ronfler, le pauvre est parti dans les bras de Morphée, et je devine que les deux autres ont leur baladeur sur les oreilles.

Plus tard, ils comprendront pourquoi leur papa aux cheveux grisonnants n'arrête pas de repasser dans les mêmes rues, pourquoi il ne remarque même pas qu'il est l'heure de s'arrêter...

Plaisirs de famille qui reviendront nous faire rire un jour, mais qui, ce soir d'un mois d'août 1986, s'échappent comme s'est perdu plus tôt mon rêve bleuté.

Pensée :

Plus je regarde, plus je vois et compare, plus je sens combien les impressions initiales de la vie, de la toute enfance sont à peu près les seules qui nous frappent irrévocablement. À quinze ans, vingt ans tout au plus, on est achevé d'imprimer. Le reste n'est que des tirages de la première impression.

Alphonse Daudet (1840-1897)

* * *

De tous mes textes, voici celui pour lequel j'ai reçu le plus de courriels ! Serait-ce un appel à l'aide de nos enseignants et enseignantes d'un peu partout sur la planète ? Je remercie Lise Gourgue, une bonne amie, qui m'avait un jour suggéré d'écrire ce poème narratif pour les enseignants et les enseignantes de son école.

Je suis dans la classe et il est 12 h 23. C'est l'heure du dîner et je devrais être avec mes collègues à me reposer... ce qui n'est pas le cas! Je viens de terminer de corriger une pile de dictées parmi le bruit des enfants, car il n'y a pas beaucoup d'espace pour s'isoler dans cette école. Je suis au tournant de ma carrière où je me demande souvent si je ne serais pas plus heureuse à faire autre chose... comme travailler dans une bibliothèque. D'un autre côté, je lis ton message et je m'aperçois qu'il me touche et que j'ai sûrement encore beaucoup à donner et à recevoir de notre belle profession. Merci, tes quelques mots m'ont fait du bien. Par les temps qui courent, ce n'est pas peu dire!

D. S.

Madame Brochu,
Je suis vraiment très contente d'avoir lu votre poème Paradoxale profession. *Je suis une jeune enseignante française et je me trouve dans la situation que vous décrivez au début de ce texte. J'ai du mal à ne pas être écrasée par toutes les tâches et difficultés de mon métier. Pourtant, je suis heureuse de le faire. J'ai réalisé*

un rêve d'enfance, mais je ne sais pas comment l'assumer sans être blessée par ce que je voudrais vivre différemment. Pourriez-vous prier pour moi s'il vous plaît?

Merci d'avoir lu ce message.

Isabelle

*Chaque enfant qu'on enseigne
est un homme qu'on gagne.
Quatre-vingt-dix voleurs sur cent qui sont au bagne
Ne sont jamais allés à l'école une fois,
Et ne savent pas lire, et signent d'une croix.
C'est dans cette ombre-là qu'ils ont trouvé le crime.
L'ignorance est la nuit qui commence l'abîme.
Où rampe la raison, l'honnêteté périt.*

Victor Hugo
Les Quatre vents de l'esprit, I,24, 1881

Paradoxale profession : l'enseignement[26]

Un jour, il y a de ça longtemps, j'ai choisi de marcher dans la vie, entourée de rires d'enfants. Avec le zèle de mes vingt ans, je rêvais de changer le monde, par le biais de l'enseignement.

Le soir, en me couchant, je mijotais de sages leçons et, des nuits durant, j'écrivais... sur tableau noir, des mots syllabiques de lumière, des mots en « ou » des mots en « on », des mots de mots, des mots savants, des mots de grandes chansons.

---

26. *Paradoxale profession*, avant-propos du document universitaire intitulé *La pratique de l'enseignement*, par Nadia Rousseau et Marc Boutet, Guérin, 2003, p. III et IV.

Le lendemain, la tête remplie de nuages, je découpais mes rêves en belles images et, souvent, beaucoup trop souvent, ces images, de mes nuages, devenaient ORAGES.

J'apprenais le métier à mes dépens, je découvrais l'art des arts, l'art de l'enseignement.

Je devais apprendre, comme Rodin ou comme Michel-Ange, à faire surgir la connaissance, au seuil de la conscience, telle une statue se dessinant dans un marbre fragile, tel un penseur bronzé émergeant d'un métal froid.

Ce qui d'abord m'avait paru facile, devenait pour moi lourde tâche, devoir pénible. Souventes fois, je me sentais abattue, abandonnée de mon courage et je me taxais sans scrupules, d'incompétente, de malhabile.

J'aspirais toujours, malgré tout, à capter soudainement la science du jour, en BLOC, sans fissures, et à offrir généreusement cet amas de notions et de doctrines en cadeau... à Pierre, à Bill, à la petite Catherine.

Parfois encore, moi, l'institutrice mal assurée, je regrettais ma vocation, de livres et de crayons. Je me disais : « C'est fou... combien il me serait plus doux, de compter des sous plutôt que de répéter... sans cesse répéter... bijou, caillou, chou, genou... pou. »

Débordée, fatiguée, désenchantée, je récitais mes litanies. « Si mes élèves ne savent rien, c'est à cause de la télé. Si je n'ai pas le temps de respirer, c'est à cause des programmes surchargés. Si le p'tit Stéphane est si tannant, c'est à cause de ses parents. Si les enfants sont si agités, c'est à cause de la récré. Si Patrick s'endort sur le plancher, c'est à cause de son pauvre dîner. Si Chantale m'envoie promener, c'est à cause de la société. »

Ô paradoxale profession, la plus grande, la plus dure, la plus noble, la pire, la meilleure sans discussion. Profession de compassion, de déraison, plus que profession, mission et à la fois passion, instruction, éducation, application, frustration, coopération, tradition...

Rigodon! Pardon! J'avais alors en moi tant de confusion.

Ainsi qu'un violoniste en herbe qui maudit son violon... je songeais à l'abdication, à faire l'école buissonnière, à déchirer mon diplôme d'hier ou à écrire un gros bouquin farceur intitulé « Les tribulations d'une ex-professeure ».

Et puis... les années ont passé. Le calme s'est installé dans ma maison. Il faut croire que les tenaces violonistes arrivent à capter le silence entre les sons, la mélodie qui efface les tensions.

Aujourd'hui, je connais le secret de l'enseignement. Un secret qui se résume en un seul et puissant mot : APPRENDRE.

Alors, maintenant, avec la jeune Marlène ou le sage Simon, j'avance en cadence, vers de nouveaux horizons.

J'ai appris à moins parler, j'ai appris à mieux écouter. Je ne veux plus m'époustoufler ou m'endormir la tête sous l'oreiller.

J'attends la dictée sans fautes ou la parfaite lecture à voix haute, comme une semeuse attendrait sa moisson, animée de foi et de conviction.

Je cherche sans cesse les pousses de vie, les pousses de couleurs, ces pousses intérieures qui façonneront notre demain, le monde extérieur, notre monde des humains.

Eurêka ! je trouve promesse et poésie, force, joie et symphonie. Aussi, je prends le temps de me donner du temps. Enfin, voici l'heure de l'évaluation. Je souris ! ... OUI! Je rechoisis ma profession.

Je me fabrique un bulletin de vitalité, décoré de A, de B et de mots encourageants.

Je le mérite... j'ai tant travaillé. Pour tout commentaire, j'écrirai cette pensée...

Chère enseignante...
N'oublie pas de t'accueillir tendrement
Comme tu accueilles dans ta classe
Tous ces nombreux enfants...
Pardonne-toi tes grandes idées
Et en toute humilité...
Reconnais tes maîtres
Tous ces petits enfants.

Naissance de Myriam, hôpital de Gatineau, 1993
Photographie : Maurice Brochu

Haute saison

Mon passage de femme
dans la force de l'âge

Photographie : Maurice Brochu, à l'hôpital de Gatineau

Le nid commence à se vider...
Notre belle Julie part étudier à Montréal.

Lettre à Julie

Lundi, le 28 septembre 1992

Chère Julie de mon cœur,

Comment vas-tu ? Tu conserves ton beau sourire ? Tu es joyeuse ? Tant mieux !

Ce lundi matin, et avant de commencer à travailler dans mes livres, j'ai besoin de jaser avec toi, malgré le fait que je t'ai parlé jeudi soir, et que depuis je respire mieux. Ton téléphone, un éclat de joie ! Oui, oui... je sais que tu viens vendredi prochain, mais peut-on se satisfaire de petites miettes quand on veut tout le gâteau ? J'aimerais tant te donner une grosse caresse ce matin, tu me manques terriblement.

Petites nouvelles : jeudi soir, après ton appel, nous sommes allés voir un très bon film, URGA. Si tu as la chance de le voir, n'hésite pas. Ce n'est pas un film où se déroule une histoire d'action. Il a pour cadre une yourte, en pleine steppe, et porte à l'écran l'âme du peuple mongolien. Belle histoire d'une singulière amitié. C'est intéressant, ça élève, et comme ça fait du bien. Tu aimeras.

André Richard[27] a téléphoné. Il jubile : il a été embauché pour donner un cours à l'Université du Québec en Abitibi. Imagine ! Le même cours que celui que je donne à l'UQAH, Didactique du français 1. Il a la charge d'un seul cours, cependant il a un pied dans la porte, et c'est l'essentiel s'il veut découvrir le monde universitaire, savoir s'il peut y trouver sa place. Aussi, il s'est acheté un chalet, ce dont il a toujours rêvé, donc tout va bien pour lui à Rouyn-Noranda.

Samedi soir, Raynold avait organisé un party pour l'anniversaire de Colette. Je ne peux croire que ma petite sœur a quarante ans. Que le temps passe vite, un souffle ! Colette, pour moi, c'est toujours un peu la petite fille craintive qui cachait de la nourriture sous son lit et qui nous suivait partout de ses grands yeux apeurés. Est-ce possible qu'elle soit déjà une femme mûre ? Incroyable ! Toujours aussi digne et belle, Colette nous a reçus dans son impressionnante maison et, après un goûter partage, nous avons visionné des films 8mm que Monsieur Charbonneau[28] avait enregistrés sur cassette VHS.

Pendant au moins trois heures, nous avons regardé des bribes de notre vie. Nous étions si souvent avec les Charbonneau que nous nous retrouvons dans de nombreuses activités communes, pique-niques, voyages, graduations, fêtes de Noël, naissances, etc... J'ai plongé

---

27. André Richard, *Les insolences du bilinguisme II*, Lettresplus, Hull, 1996.
28. Monsieur et Madame Charbonneau étaient les meilleurs amis de mes parents.

dans ce passé avec intérêt et j'en suis restée un peu nostalgique, le cœur retourné. C'est comme regarder dans un rétroviseur et comprendre que cette route que tu vois derrière toi, t'amène ailleurs et que tu dois laisser de gros morceaux de ta vie partout où tu passes. Nous sommes appelés à faire l'expérience du bon et du moins bon, n'est-ce pas ? Il ne faut pas fuir, c'est ainsi. Hier n'est plus, et il ne faut pas trop s'énerver pour demain. Il n'y a que le présent et il s'agit de le traverser cinq minutes à la fois. Ouf ! Je suis zen ce matin.

Claude est très occupé et n'a pu faire qu'un petit tour d'environ une heure chez Colette. Il mène à bien sa campagne à la mairie. La semaine passée, je lui avais adressé une petite note, le félicitant, et je lui disais que s'il y avait une personne qui pouvait faire du bien à la ville de Cantley, c'était bien lui... Eh bien ! à maintes reprises, samedi soir, Claude est venu me remercier de ce petit mot ! Il a dit :

– Je vais conserver ta lettre dans ma cabane de sirop d'érable, sur le mur...

Il faut si peu parfois pour encourager quelqu'un.

Marc et Lesley n'étaient pas de la fête, ce qui a fêlé un peu le bonheur d'être ensemble. Marc avait une fin de semaine de réunions pour les médecins dans les Laurentides. Je m'ennuie de son sourire... Je ne le vois pas souvent.

Gaëtane est venue en fin de semaine. Elle se porte bien et même, je crois qu'elle rajeunit. Son Louis était content, car il avait récemment fêté la fin d'une tranche importante de son travail à Radio-Canada. L'édifice de six étages est officiellement ouvert. Heureusement, il gère bien le stress de tout ça...

Dimanche après-midi, nous sommes allés voir Michel[29]. Combien il est faible et fragile par moments ! Gaëtanne[30] nous a confié ceci :

– Nous sommes plus découragés qu'il y a quatre ans... tout est à recommencer, notre moral est à terre.

Qu'elle me fit mal au cœur. Je ne savais comment soulager un peu leur douleur. Enfin, j'ai préparé une tarte aux pommes chaude et une salade verte avec vinaigrette. Tu sais combien Gaëtanne a toujours apprécié mes salades, et nous sommes allés passer l'après-midi avec eux. C'est si peu, mais j'ai senti que cela les avait rejoints... Une façon de leur dire combien nous sympathisons avec eux. Je les trouve bien courageux et je les admire dans leur attitude devant l'adversité. Ils sont là à relever leurs manches et à lutter. Peut-être que Michel veut partir, je ne sais pas, il montre de grands signes de fatigue. N'oublie pas ton cousin dans tes prières...

Hier, après la messe, Louise, Denis et leurs enfants sont venus prendre un café. Matthieu a beaucoup grandi, tout d'un coup. Je n'en revenais pas... Les ados sont comme ça, ils ont de ces poussées de croissance ! Denis s'est amusé à pitonner sur mon ordinateur Mac, il rêve d'en avoir un semblable. Louise a une promotion et elle travaille en tant que chef de service pour les V.O.N. (*Victorian Order of Nurses*). C'est un

---

29.   Mon neveu, Michel, a subi un accident de la route, en Belgique, en 1988 et depuis, il est toujours pris dans le tunnel, entre la vie d'ici et la vie de l'au-delà. Il est à la maison et depuis dix-sept ans, ses parents, Gaëtanne et Jean-Guy, prennent soin de lui. Voilà un témoignage d'amour incroyable.
30.   Ma sœur et ma belle-sœur portent le même nom sans toutefois l'épeler de la même façon.

poste de direction temporaire, mais elle apprécie la chance de faire un tel boulot. Ses patients vont l'aimer, tu sais comme elle est bonne et douce !

Vendredi soir dernier, Pierre et Brigitte sont allés souper au restaurant Fiorentina. Je ne sais pas ce qui les rend si joyeux ces temps-ci et quelle était leur occasion de fêter. Ils étaient très élégants, un beau couple. Brigitte est plus belle et gracieuse que jamais. Elle est mince, bronzée, et ses cheveux sont superbes. Mais je crois que c'est son sourire facile qui la fait rayonner. En janvier, elle parle de se louer un appartement près de l'université et d'entamer ses études de maîtrise. Je serai folle de joie de la compter comme membre de notre famille un jour. C'est une perle !

Papa installe présentement un miroir dans la chambre de Manon. Pauvre lui, il se plaint chaque fois qu'il passe devant ta chambre vide. Il éprouve beaucoup de misère devant ton absence, ta présence déserte. Moi aussi, cependant je me raisonne. Il ne pense, par moments, qu'au vide que tu laisses. Il s'habituera, mais tu sais combien il est attaché à toi. Moi, je pense à toute l'autonomie que tu es partie chercher et je me réjouis pour toi. Les femmes quittent souvent la maison et s'accrochent trop vite à un homme. Il est si important de se connaître avant de s'engager à deux. J'aurais aimé faire cela à vingt ans. À l'époque, c'était quasi impensable. Heureusement, j'ai trouvé ton papa.

Je m'ennuie aussi énormément de toi, ma chouette. Enfin, c'est un moment qu'il faut vivre et, après tout, tu as presque vingt ans et nous ne pouvons te garder toujours à nos côtés. Tu as ta vie à faire chanter. Papa comprend, même s'il pense un peu de façon négative : « Ce n'était pas nécessaire, elle aurait pu étudier ici à

Ottawa. Montréal, c'est une grande ville, c'est inquié-
tant. » Ensuite, il ajoute : «je suis content pour elle si
c'est cela qu'elle veut... » Mon cher Maurice, en vieillissant, il est de plus en plus sensible, sentimental et vulnérable et il me faut lui rappeler souvent que ton choix de
parcours Arts et Sciences ne se donnait qu'à Montréal.

Manon et Pierre ne se chicanent pas trop, même si
leur tampon n'est pas là. Lorsque tu étais petite, nous
devions t'asseoir entre ces deux-là afin d'éviter la catastrophe, tu t'en souviens ? Il faut croire qu'ils ont vieilli.
Je suis très heureuse de savoir que tu seras des nôtres
en fin de semaine. C'est comme recevoir de la grande
visite. Amour... amour... amour...

Papa trouve que j'ai assez écrit... Le voilà qui vient
lire ma lettre au-dessus de mon épaule, un peu fati-
gant à la fin... Ah ! Les hommes !

Je te quitte ma belle petite poulette, sur cette
pensée :

Enfin vivez dans l'action de grâces.

Colossiens 3,15

Mom

* * *

Mamie et fière de l'être

Un soir gravé dans ma mémoire, nous étions en
mil neuf cent quatre-vingt-douze, ma fille m'a annoncé,
bien timidement :

– Maman, j'attends un enfant.

J'ai pleuré.

Elle n'avait que dix-neuf ans, elle n'était pas encore mariée et moi, je n'avais pas encore eu le temps de me préparer à la grand-maternité. Les larmes coulaient malgré moi. Je me disais tout bas : « Maudite passion ! Ça abîme tout. »

– Et tes études ma chérie ? Ton copain est-il prêt à prendre ses responsabilités ? L'aimes-tu assez fort pour t'engager ? Pensez-vous au mariage ? Un enfant a besoin d'un foyer stable et de ses deux parents. Mais à quoi as-tu pensé ?

Et puis, j'ai vu ses yeux humides dans son beau visage inquiet. J'ai respiré profondément et, avec douceur, je lui ai déclaré :

– Ma chouette, nous allons prendre un bon verre de jus d'orange à la santé de ce bébé que nous allons aimer de tout notre cœur. N'aie pas peur, papa et moi, nous sommes là pour toi.

Sous l'effet du choc de la surprise, j'avais oublié de la prendre dans mes bras, d'accueillir mon petit-enfant. À partir de ce moment, j'ai ouvert grand mon cœur au miracle de la vie. Il fallait que j'apprenne à mourir à certaines de mes vieilles idées, à certains de mes rêves. Ma fille ne finirait pas tout de suite ses études universitaires, et je ne la verrais pas marcher dans l'allée centrale avant de la voir arrondie par la maternité. Ainsi va la vie.

Étant une liseuse vorace, le lendemain matin je suis allée m'acheter un bouquin sur le rôle des grands-parents. Arrivée chez moi, je n'arrivais pas à me concentrer sur ma lecture. J'étais beaucoup trop excitée et il me semblait avoir énormément de choses à faire. Je m'énervais. Je voulais trouver une couchette, une chaise haute, un parc, une poussette et des jouets pour le futur poupon. Je voulais redécorer notre chambre des invités et la transformer en chambre d'enfants.

– Lorsque la petite famille viendra chez nous, le bébé sera en sécurité et dans une chambre joyeuse, calme et propre, disais-je à mes proches.

Je traînais mon mari dans les boutiques de tissus ou de vêtements pour les nourrissons. Je dressais une liste de prénoms comme si la naissance en dépendait.

France? Marianne? Jeanne? ou Francis... Je planifiais le traditionnel *shower.* Bref, je devenais complètement gaga, une amoureuse inconditionnelle de la vie.

Lorsque le grand moment est enfin arrivé, je me tenais debout, depuis des heures, à l'extérieur de la salle d'accouchement. Je ne voulais pas déranger le couple qui vivait une expérience familiale intime et si importante. Je ne tricotais pas, je ne lisais pas... je priais.

J'entendais ma fille hurler de douleur et puis venait le silence... j'attendais.

– Mon Dieu, faites que tout aille bien. Mon Dieu, pitié! Écoutez les cris de ma fille.

Tout à coup, le vagissement... le merveilleux cri de ma petite-fille, Myriam. Le père est sorti en sanglots, ému par l'expérience, et il m'a fait signe d'entrer.

J'ai vu la merveille!

Je n'oublierai jamais cette journée qui m'a mise au monde, cette journée qui a fait de moi une Mamie. Immédiatement, en regardant cette petite qui ouvrait tout grands ses yeux sur le monde, un lien vital s'est créé. Plus jamais je ne serais la même. Elle a transformé mon cœur de quarante-sept ans en cœur de jeune femme. Oui, j'avais l'impression de rajeunir et pourtant j'étais devenue grand-mère. J'avais le goût de rire, de chanter, de caresser les gens.

J'étais devenue tendresse !

* * *

Que les enfants me font rire...

Voici quelques petites histoires glanées au fil du temps.

UN LIT QUI PROMET.

Un soir, lorsque mes propres enfants étaient encore petits, mon mari me demande de l'accompagner à Montréal.

Ma sœur accepte de jouer le rôle de gardienne jusqu'au lendemain matin.

Quand arrive l'heure de les coucher, elle les place tous les trois, dans son lit double, en leur disant :

– Vous allez être un peu tassés, car mon lit n'est pas aussi grand que celui de vos parents. (Nous avions un très grand lit.)

Julie, ma deuxième, la rassure immédiatement :

– Ne t'en fais pas tante Gaëtane, un jour il va grandir.

PLUS FIN QUE MOI

Je gardais mes trois petits-enfants et c'était l'heure du dîner.

Marc-André avait quatre ans à l'époque. Il voulait que sa sœur Marie-France, qui en avait trois, lui donne une tranche de pain.

– Donne-moi une tranche de pain ! commandait-il, d'un ton impératif et impatient.

Je décidai alors d'intervenir.

– Marc-André, laisse-moi te raconter une petite histoire. Un jour, un homme essayait en vain de faire avancer son cheval. Il avait beau crier, hurler, supplier, le cheval refusait de bouger. Tout à coup, une fillette qui observait la scène, s'approcha du cheval. Avec beaucoup de tendresse et de douceur, elle se pencha vers son oreille et lui murmura quelques mots magiques. Immédiatement, le cheval se mit à marcher. Ces mots magiques sont bien puissants, ce sont les mots « S'il vous plaît ». Je suis certaine que Marie-France va te passer une tranche de pain, si tu lui dis gentiment, ces petits mots de rien du tout.

Marie-France se plia joyeusement au jeu et, sans se faire prier, elle répondit à la requête en se hâtant de passer le panier de pain à son frère, qui avait dit docilement « s'il vous plaît ».

Au bout de cinq minutes, Marc-André m'appela, en disant vouloir me murmurer un secret à l'oreille. Ses yeux riaient d'un air absolument malicieux. J'écoutai, très étonnée de sa ruse...

– Mamie, amène-moi voir le cheval qui avance aux mots magiques.

Il fit une brève pause et, de sa petite voix ratoureuse, il ajouta :

– S'il vous plaît.

ALLÉLUIA! OU...

Par un beau dimanche matin, j'assistais à la messe avec ma petite-fille de quatre ans.

Nous écoutions la chorale chanter à pleins poumons :

ALLÉLUIA! ALLÉLUIA!

Aussitôt le chant terminé, la petite Isabelle lance à haute voix, dans le silence de l'église :

– Mamie, est-ce que les gens vont chanter *Alouette* maintenant ?

LE CHAT ET LES SOURIS

Mon neveu, Jean-François, arrive chez lui, tout empressé de raconter sa journée d'école à sa mère.

– La maîtresse nous a demandé ce que nos animaux domestiques mangeaient. Je lui ai dit que notre chatte, Pomponne, mangeait les souris que nous avions dans la cave.

Tout horrifiée, sa mère le reprend :

– Mais Jean-François, tu sais bien que nous n'avons pas de souris dans notre sous-sol.

– Bien oui, je le sais maman. La chatte les a toutes mangées.

LE BONHEUR C'EST...

J'étais en voiture avec ma petite-fille qui avait alors trois ans. C'était une très belle journée d'automne et je savourais ce moment précieux que je passais avec mon trésor. Spontanément, je lui dis :

– Myriam, le bonheur c'est d'être avec toi, en auto, aujourd'hui.

Immédiatement, sans la moindre hésitation, elle me répond :

– Non Mamie ! C'est pas ça le bonheur.

Surprise, je lui demande pourquoi elle dit une pareille chose.

– Bien, ce n'est pas écrit dans mon livre. Dans mon livre, c'est écrit que le bonheur c'est jouer au golf avec un oiseau.

Je m'esclaffe.

La semaine précédente, je lui avais offert un livre de Snoopy, le chien, et je lui avais expliqué les images en m'inspirant du titre : *Le bonheur c'est...* En effet, nous ne décrivions pas le bonheur comme étant une randonnée en voiture avec Mamie, mais il y avait bien cette histoire de golf avec un oiseau...

DE LA BONNE VIANDE

Un autre jour, Myriam, qui avait à peine sept ans, aperçoit par la fenêtre du restaurant où elle dînait avec sa famille le panache d'un orignal, sur une voiture.

Elle demande à sa mère si c'est un vrai orignal. Sa mère, en répondant affirmativement, lui explique la situation.

— C'est un chasseur qui a tué cet animal, ma chérie. C'est la saison de la chasse et puis, tu sais, la viande sauvage est délicieuse.

Myriam est horrifiée ! Elle dit à son frère de cinq ans :

— Ça, c'est méchant ! Si l'homme voulait de la bonne viande, il n'avait qu'à aller s'en chercher à l'épicerie, chez Métro.

Le petit Denis, était pleinement d'accord avec le raisonnement de sa sœur.

ANALYSE ENFANTINE

Un soir, Marc-André, âgé de sept ans, a dit à ses parents :

— Je m'ennuie dans notre cour. Je crois que la cour n'est plus du tout adaptée à mes besoins.

Ses parents ont bien ri... il parle toujours à la manière d'un petit psychologue. Il a neuf ans maintenant, et hier soir, il m'a dit que ses saisons préférées étaient l'automne et l'hiver et qu'il cherchait à comprendre pourquoi ces temps de l'année lui étaient favorables. Je n'ai pas de doutes, il arrivera à poser un sage diagnostic de la situation.

DES ZAMIES FILLES OU GARÇONS?

Un jour, nous avons emmené Florence, âgée de trois ans, au restaurant. Nous parlions de ses zamies, des petites filles autour de chez elle. Et on lui a demandé si elle avait des amis garçons aussi. Elle a pris son temps avant de répondre et, après une longue hésitation, est venu un non assez faible.

Alors, j'ai demandé :

– Tu sais la différence entre un garçon et une fille, Florence?

Elle a répondu :

– Oui, les garçons mettent les culottes à l'envers.

Cherchant à donner un sens à cette réponse, je l'interroge :

– Je ne comprends pas, Florence. Qu'est-ce que tu veux dire?

Elle ajoute :

– Eh bien, papa, c'est un garçon, et quand il m'habille en pyjama, il met toujours l'étiquette en avant. Maman dit qu'il met mes culottes à l'envers.

Et j'ai craqué. J'ai compris son hésitation. C'est bien simple... elle avait réfléchi et ses zamies semblaient toutes bien culottées, donc c'étaient toutes des filles...

À L'ÉCOLE MONTESSORI,
ON EN APPREND DES CHOSES

Un soir, je demande à Denis, qui a quatre ans, s'il a appris quelque chose à l'école. Sa mère répond pour lui :

– Non, il n'y avait pas de nouvelles leçons aujourd'hui.

Denis n'est pas du tout d'accord. Il hoche la tête et s'exclame,

– Oui, on a appris le carré de Pythagore.

Sa mère et moi, très surprises, avons bien ri. Plus tard, nous apprenions qu'il y a un jeu qui porte ce nom dans la classe de l'école Montessori. Voilà! Si moi, petite, je jouais au tic tac toe, Denis, lui, joue au carré de Pythagore.

HISTOIRE DE GRÈCE

Nous étions à Athènes. J'accompagnais un groupe d'une trentaine de jeunes de douzième année et, depuis deux semaines, nous pensions et nous mangions grec. Mes élèves commençaient à rêver à leur nourriture canadienne préférée, la pizza. Pas de méprise! Ils aimaient la moussaka, la salade de tomates et la tranche de feta poivrée, le pastitsio et les viandes à la sauce rouge, mais ils trouvaient que tout baignait un peu trop dans l'huile. Il y avait quelques jours que je les entendais parler du bon fast food de leur coin de pays, alors je n'ai pas été surprise de les voir repérer un restaurant annonçant de la pizza dans un quartier touristique achalandé. Ils salivaient d'avance pendant les quinze minutes nécessaires pour faire cuire leur commande. Enfin, le restaurateur sort la magnifique pizza du four. Avant que mes jeunes puissent réagir ou dire un seul mot, cet homme sympathique et souriant arrose sa création culinaire au fromage d'une tasse d'huile d'olive. Je n'ai jamais vu des mines si déconfites.

* * *

Ta chronique de ce matin m'a ramenée à mon enfance et à ma jeunesse à Verdun. Nous habitions un quartier anglophone, et malgré les remontrances des religieuses, nous émaillions notre conversation des mêmes mots que la petite fille de Sudbury! À cette époque, tout était en anglais à Montréal, à bord des trains où on criait all aboard *dans les autobus et tramways :* ticket please. *Nos poupées à découper étaient des* cut ups...

Micheline

Mots aux oubliettes

Ma tante Germaine est en visite, chez nous, depuis à peine une heure, et déjà son parfum éveille en moi des souvenirs. Je ne l'ai pas revue depuis très longtemps. À peine a-t-elle franchi le seuil de notre demeure, que je retrouve en moi des pans de mon passé, des moments, des mots que j'avais oubliés, effacés de ma mémoire.

J'habite l'Outaouais depuis quarante-sept ans. Si je suis née à l'hôpital Saint-Joseph de Sudbury, toujours est-il qu'à l'âge de douze ans, j'ai dû quitter l'école Immaculée Conception et mes copines, Cécile et Normande, pour suivre mes parents à Ottawa.

Pourquoi ? Eh bien, souvenez-vous, depuis plusieurs mois, dans ma ville natale, le seul sujet de conversation était la grève de l'Inco.

Mon père, alors agent d'immeubles, s'inquiétait : comment vendre des maisons lorsqu'une bonne partie de la population se retrouve en crise financière ?

Afin de veiller aux besoins de ses neuf enfants, il décida donc d'installer son commerce et sa famille ailleurs. Maman parlait de Toronto peut-être, et Papa, de Montréal... Ils ont négocié. Ottawa ferait l'affaire !

Depuis mil neuf cent cinquante-huit, je vis donc dans les parages de la capitale nationale puisque, maintenant, je me retrouve à Gatineau.

– Ma tante, voulez-vous rester à dîner ?

– Non non ! J'ai pas faim, répond tante Germaine. En route, on a spotté une luncheonette. On est arrêté. J'ai mangé un bon steak sandwich, un gros pickle pis j'ai bu un pop fret. Ça c't'en plus de toutes les paparmanes que j'ai mangées dans le char.

Musique à mes oreilles !

Un pop ! C'est bien meilleur, il me semble, qu'une boisson gazeuse, expression qui sera toujours pour moi une traduction de mon expérience première avec le Pepsi-Cola, le vrai pop qu'on s'vidait dans un verre Cocacola.

Et c'est vrai ! nous ne mangions pas des menthes et nous ne roulions point en automobile... Le bébé se promenait en kiddie kar, nous buvions du cocoa, nous regardions par la porte de screen, dehors, on jouait au hopscotch, au hula hoop ou à la corde à danser en chantant :

Down by the Mississippi
Down by the shore
She had children three and four...

ou à la balle en récitant :

Clap front, clap back,
front and back, back and front,
tweedle twiddle, skirstsy,
bow wow, salute,
jump, one-two-three,
touch my knee, touch my tœ,
touch my heel, touch the ground,
and a merry-go-round...

Je suis encore émerveillée de cette mémoire des mots que nous avions dans une langue qui n'était pas la nôtre. Dans la maison, nous avions un beau couch, un sink, un fridge, un rug, et un beau set de chambre avec des end tables. Nous aimions aller au camp, mettre notre bathing suit, prendre des rides de tit-boat, nous balancigner sur un tire, pis sauter en bas du dock. L'hiver, nous allions patiner au rink habillés d'un beau sweater,..

Ah ! C'était le monde merveilleux de mon enfance anglicisée.

Il y a bien des lunes que je ne suis pas retournée voir le Moulin à fleur ; je songe aussi à la défunte Big Nickel Mine. En écoutant les mots familiers de ma tante, je visite des coins de pays enfouis dans ma mémoire : Azilda, Minnow Lake, Copper Cliff, Coniston, Garson, Falconbridge...

Je n'ai pas entendu la langue maternelle de mes jeunes années, depuis que notre famille a quitté Sudbury. Je suis émue.

Toute ma vie, j'ai lutté contre ces anglicismes qui ont soustrait du charme à mon français, qui m'ont attiré les reproches des religieuses lorsque j'étudiais au Couvent Notre-Dame d'Ottawa, et qui m'ont souvent donné un affreux sentiment d'infériorité.

Mots que j'ai envoyés aux oubliettes !

Pourtant, en ce jour de causette avec ma chère vieille tante, je connais une joie surprenante, celle de retrouver ce qui était perdu. C'est fou peut-être, mais c'est ainsi.

Ce soir, afin de conserver un peu la magie de la rencontre, j'écris un texte à mes quatre sœurs.

Je fabule. Je leur propose de faire un voyage avec moi à la recherche de mots et de lieux disparus. Nous pourrions y aller dans ma voiture.

« Mes chères sœurs,

Ça vous tente pas de vous laisser coaxer pis de partir en voyage dans mon char ?

On sait ben, c'est pas une convertible, mais ben un hard top. Y faut pas quiquer là-dessus ! Mon sedan a quatre portes, de bons wipers pis la windshield est pas pantoute maganée. J'ai pas de seat covers en plastique, mais ça fait rien. Les grosses lumières marchent ben itou, pis y'a une bonne guire, des bons taïeurs white wall à part de ça, pis pas de clutch. Le cap des roues est en chrome, c'est pas mal swell. A prend pas trop de gaz, la tank est grande, a choke pas non plus. J'me rappelle pas si j'ai un lighter dedans parce que je fume pu de smokes depuis longtemps, mais le dash est assez large pour mettre vos allumettes pis vos affaires dessus. J'ai jamais eu de trouble avec la pédale à gaz, ni avec le brake à pied, ni avec le tuyau d'exhaust. C'est une bonne automatique. Quand je suis sur la roue, si y'a des problèmes, je peux tooter la horn ou la corne, comme qu'on dit. Je mène ben pis j'ai pas l'intention de bumper les autres ou de rester stoquée en quelque part. La seule chose qui pourrait nous causer des arias, c'est si j'faisais un flat. Même à ça, j'ai une crank, pis un jack, pis deux taïeurs de spare comme j'vous l'ai dit taleur... Faut ben prendre des précautions.

Je connais pas ce qu'y'a sous le hood, mais l'engin est assez neu... Embarquez dans ma machine. La valise est assez grande pour tous vos bagages, le frame est solide. C't'un bon char avec l'air conditionné. V'nez donc, on va avoir du fun. On reviendra back quand on sera tannées... »

Je sais que mes sœurs vont sourire, car...

Les lieux passent et portent avec eux
Des mémoires pleines de mots... [31]

* * *

31.   Stéphane Despatie, *Engoulevents*, Les Écrits des Forges, Trois-Rivières, 2000.

Bonjour très chère amie,

Merci de partager cette dernière lettre. Comme il est difficile de perdre notre mère. Quand je vois des adolescents traiter de manière irrespectueuse leur maman, j'ai toujours le goût de m'en mêler... Comme je m'ennuie de mère... comme j'aimerais être encore capable de la sortir au resto, au Casino, en auto.

Ainsi va la vie.

Merci Lysette de me faire ce grand bien ce matin.

Thérèse

Dernière lettre à ma mère

Chère maman,

Tu le devines maintenant, n'est-ce pas ? Nous ne pouvons plus t'aider, nous ne pouvons plus te protéger. Tantôt j'ai appelé au presbytère. Le prêtre est en route, chargé de son eau bénite et de ses rites mortuaires.

Tu es seule mère, ta famille en déroute. Tu luttes depuis trop longtemps contre ce cancer qui te ronge, qui te prend. Lorsque tu as reçu le diagnostic, tu te souviens de ton incrédulité. Tu répétais, invaincue :

– Mon médecin s'est trompé.

Pourtant, tu as tout perdu, pauvre maman !

D'abord, c'est ta santé physique qui t'a quittée. Très amaigrie, tu as connu de grandes fatigues, des migraines d'anxiété, des malaises de digestion.

– C'est pire qu'après ma grande opération, j'ai pu de sprigne dans l'corps. J'pense que j'vas faire la toile, j'ai les jambes en mâchemâlo, disais-tu, alarmée.

Ah! Comme tu as pleuré ton sort, allumé tes lampions. Tu as dû quitter ton foyer, là où sont restés les souvenirs précieux de ta vie, ton canapé rose, tes photographies et ton argenterie. C'était en mai...

Plus tard, ce sont tes amies qui se sont lassées de venir te voir à l'hôpital. Tu sais, dans le monde médical l'amitié s'atrophie. Il y a trop de règlements! Petite heure de visite entre une radiographie et une transfusion de sang. Prise de ta tension ou de ta température, heures de repas et ses odeurs, heures de sieste ou heure de fermeture. Routine sans cœur!

Adieu ensuite à ton indépendance, à ta mobilité. Tu as commencé à te désintéresser de tes émissions télévisées, tu as laissé là la lecture de ton quotidien. Tu n'avais plus la force de tenir un roman ni de causer au téléphone. Après la perte partielle de ton ouïe et de ta vue, c'est ton sens de la réalité qui s'en est allé. Et puis... perte de ta santé mentale. Quelle confusion, et parfois quelle hostilité!

Ta douleur exige une grande quantité de pilules, de médicaments de toute sorte ou de morphine et, parfois, tu te rends compte de la démence de tes pensées. Tu refuses de te soigner pour ensuite supplier qu'on vienne te soulager, t'assommer une fois pour toutes. Introversion, dépression!

Hier à peine, tu voulais encore contrôler ton territoire. Tu souhaitais que je replace tes fleurs sur le bureau, tu tenais à choisir l'heure de ton bain, tu exigeais de manger toi-même ton gruau en y trempant ton pain.

C'était encore TON histoire. Et puis, je t'ai vue abandonner le combat. Tu as décidé de rompre, tu as pris ta retraite de la vie, tu as oublié un hypothétique futur.

En septembre, tu n'acceptais pas la colostomie, tu avais peur, disais-tu, d'empester la chambre. C'était la période des crises et de la culpabilité. Ton corps, à ton insu, avait pourri. Les traits tout tirés, faible, mourante, humiliée et affligée, tu disais sombrement :

– Quand on est malade, mais qu'on se voit aller mieux, on peut espérer, mais quand on se voit devant rien, il faut bien admettre que c'est la fin.

Que tu étais blême ! Tu ajoutais :

– Peut-être que j'aurais dû manger plus de fibres, peut-être que j'aurais dû prendre mieux soin de moi.

Expérience intérieure affolante, grande tourmente.

Prise de pitié à te voir, je te parle de la Providence, porte ouverte sur l'espérance. Je te rappelle tes réalisations, l'amour que te portent tes neuf enfants, tes vingt et un petits-enfants. Ensemble, nous écoutons des cassettes de relaxation et je tente, en tête-à-tête avec toi, de profiter du moment présent, de jouir de quelques épanchements doux. Malaise ! C'est si inhabituel entre nous... Lorsque vient le soir, je rentre chez moi avec mes larmes. Je rage, je pleure, je prie. Je me sens si pauvre, si impuissante, si aigrie.

Maman, je tremble. Il me semble que les infirmières, adeptes de la guérison, sont avares de leur affection. Depuis qu'elles savent que tu ne guériras pas, elles arborent un air professionnel, impersonnel. Elles administrent des sourires perpétuels et des réponses automatiques. Elles sont pressées et tu y devines indifférence et mépris. Tu dis :

– Vont-elles me chicaner si je vomis ?

Oui ! Certaines de leurs manières laissent à désirer et il y manque de la sincérité :

– Bonjour, Madame Legault, comme il fait beau ! Voici des serviettes et un bol d'eau pour vous laver et vous sonnerez lorsque vous aurez terminé.

Dureté ! Hier, nous avons sonné et sonné sans réponse, sans revoir cette femme affairée... Et puis, comment te laver lorsque tu ne peux même plus tenir ta débarbouillette ? Laisse-moi, mère. Je ferai tes soins et ta toilette.

Le médecin passe en coup de vent. Il ne peut rien faire, alors, pourquoi gaspiller son temps ? Et quelle est cette manie de t'appeler Madame Legault ? Chère vieille mère, tu ne t'appelles même plus Legault depuis tes vœux matrimoniaux. Cela fait cinquante et un ans que tu portes le nom de mon père. Je porte plainte !

– Appelez-la Madame Lapointe. De grâce, ne lui volez pas son nom et son identité !

Octobre... Phase terminale. Nous voici encore toi et moi, toujours à l'hôpital. Je te parle encore de Dieu et de Ses Saints. Parfois, sans grande conviction, je récite le chapelet, marchande ton destin. Tu dis :

– Tu m'feras dire des messes, hein ?

Je masse tes jambes enflées et endolories avec précaution pour éviter les escarres, rétablir la circulation. Je mouille tes lèvres à l'haleine fétide, je change tes vêtements, j'oublie toutes mes rancunes, je sonde ma vie et mon cœur, regrette mes manquements, danse morbide.

Mes sœurs sont toujours là, inquiètes, t'entourant de leur tendre sollicitude. Ensemble nous consolons tes angoisses et les nôtres, sans autre, bas-fond. Confiance et confidence ! Parfois, c'est la plus jeune qui s'effondre, parfois c'est moi. Effroi ! Nous sommes des aidantes bien fatiguées ! Nous changeons la position de ton lit, tâchant de te trouver une posture plus bienvenue. À tour de rôle, nous tenons ta main jusqu'au matin. Nous lavons ton front, dernière chorégraphie. Détresse et réconfort. Comme toi, il s'agit d'apprendre devant l'inévitable à s'arranger avec la mort. Dans la chambre, climat de douceur, silences accablants en d'autres moments. Nous chantons en chœur... cantiques, chants ou mélodies qui pourraient t'apaiser. Nous mourons aussi à nos sécurités, en la croyance naïve de nos grandes idées, en la continuité des choses et des journées. Maman, pauvre maman... toi qui refusais de prendre seule le train ou le métro, nous ne pouvons pas t'accompagner.

Nos frères étouffent leurs sanglots, désemparés devant ton agonie. Parfois, nous laissons l'air irrespirable de la chambre pour aller prendre un café et jouer à « te rappelles-tu ? ». Je ferme les yeux et tu épluches toujours des pommes, les coupant en quartiers pour faire tes tartes si appréciées, ou je te vois gantée et coiffée d'un chapeau à la messe du dimanche. Gaëtane n'a jamais oublié les grosses poupées de chiffon, que tu avais confectionnées habilement, même sans un patron. Claude parle des lavages et repassages qu'il t'a vu faire pendant des années, Guy se remémore tes bons petits plats concoctés avec aisance, malgré le fait qu'un bébé te tenait par une queue de tablier. Colette décrit les vêtements que tu as cousus pour tes petits-enfants et elle nous rappelle tout le reprisage que tu faisais le soir, seul temps que tu prenais pour t'asseoir. Lynne se souvient des lettres aimantes que tu lui as écrites pendant qu'elle était en Abitibi. Nous ressassons de vieilles histoires, dressant le bilan de ta vie avec nos cœurs d'enfants.

Par la fenêtre, on aperçoit le ciel bleu qui se nuance au couchant. Rassemblement. Approche le moment fatal. Tes jambes bleuissent de froid. Tu te raidis... De tes yeux délavés coule l'eau de la vie. Avant-dernier soupir... Temps de mourir. Dernière lamentation de ton âme épuisée, qui expire. Dernier souffle, le râle. Et... puis... plus... rien.

Adieu maman! Je me répète la première phrase du livre l'Étranger. *Aujourd'hui, maman est morte.* Comme Camus, j'ai besoin de voir, pour y croire, cette phrase noire sur papier blanc. Je t'écris donc maman... une dernière fois.

De ta fille qui t'aime et qui prie pour toi,

Lysette

* * *

Objets inanimés, avez-vous donc une âme
Qui s'attache à notre âme et la force d'aimer?
Lamartine

Le langage des choses

Il est tard! Je suis seule, bien blottie dans un vieux fauteuil, et je réfléchis à cette question que vous vous posez cher et grand Lamartine.

Je caresse ce livre dans lequel j'ai retrouvé vos vers. Vous savez, cher ami poète, je me suis longtemps posé cette même question. Avec les années, certains objets me sont devenus si précieux que je comprends mieux ma mère maintenant. Je m'explique ! Souvent, je lui disais :

– Maman, pourquoi tu ne te débarrasses pas de toutes ces vieilleries ? Achète-toi de nouvelles choses.

Je ne comprenais pas alors que toutes ces vieilleries étaient des morceaux de sa vie. Aujourd'hui, en me servant de ces tasses qu'elle m'a laissées en héritage ou en portant sa broche sur mon blouson, je sais que c'est un peu de son âme qui s'attache à la mienne par l'intermédiaire de ces simples objets.

Mon œil s'arrête. Je contemple ce tableau que mes sœurs m'ont donné l'été dernier. Elles étaient allées à l'exposition de Renoir et lorsqu'elles ont vu la peinture *Madame Monet lisant,* elles ont pensé à moi, car j'amoure les livres. L'œuvre est certainement proportionnelle au degré de spiritualité de l'artiste. Il en est ainsi, je crois, pour toutes les choses.

Il y a ce bouquet de porcelaine que j'aperçois sur le coin de ma table à café. Le divin semble tellement parler dans cet objet, fruit pourtant de l'art humain. Je l'ai si souvent épousseté, lavé et admiré qu'il me parle drôlement.

L'autre soir, je regardais une émission de télé qui montrait des Japonais dans leur cérémonial du thé. Leur attitude de respect devant les objets quotidiens était un rappel que la beauté se cache dans la simplicité.

J'aime aussi l'énergie qui se dégage d'une sculpture ou d'une pierre précieuse. Je suis très attirée par certaines choses inanimées. J'hésite à utiliser le mot inanimé qui veut dire mort, sans souffle. Vrai, la matière semble parfois sans vie, mais aussitôt que nous décidons d'entrer en relation avec ce bibelot ou cette nappe de broderie, l'intelligence de l'objet nous invite à l'étudier, à l'apprécier, à le conserver ou à l'offrir à quelqu'un. Le mystère de la matière nous révèle un peu son créateur, une autre époque, un lieu lointain ou même un peu de notre propre personne. Parfois encore, un objet est source de moments d'unisson. Une communicative sympathie s'installe, un silence pour tous ceux et toutes celles qui s'y rallient. À Paris, j'ai déjà vu des gens rassemblés dans une espèce d'état de grâce devant une tapisserie des Gobelins.

Comme vous et moi, Monsieur Lamartine, les objets n'existent que par leurs liens et leur âme s'allume à la condition que soient reconnues leur beauté, leur puissance, leur autorité, leur importance. Ce soir, tous les objets qui m'entourent respirent avec moi. Je me sens en parfaite harmonie avec ces amis fidèles qui m'accompagnent au fil des jours. Mon monde est peuplé de centaines d'âmes et je ne m'ennuie pas du tout, car j'écoute le langage des choses.

* * *

Nos racines sont parfois ancrées
dans bien plus que de la terre...

Claude Lamarche

Notre visite à Maulais

Le 9 septembre 2002, en compagnie de ma sœur Colette et de son mari, Maurice et moi avons eu la chance de visiter la ville natale de Nicolas Audet, l'ancêtre des Lapointe. Juste avant notre départ pour la France, ma sœur Lynne, y étant allée l'année précédente, m'avait noté le trajet de La Rochelle à Maulais, dans le département des Deux-Sèvres, un parcours d'environ 145 kilomètres.

Tu quittes la N-11 vers Niort et Poitiers. Tu fais environ 64 kilomètres et peu avant Niort, à gauche, tu prends le chemin de la déviation. Tu t'engages sur la D-743 Nord, et sache qu'entre Niort et Parthenay, il y a environ 42 kilomètres. À Parthenay, tu suivras la D-938, direction Thouars/Montreuil/Bellay sur 37 kilomètres pour ensuite tourner à droite, entrée Maulais. Vis-à-vis de la D-335 et de la D-172, à gauche, tourne à droite sur entrée de Nissé-Maulais, puis prends la deuxième à droite sur Maulais-Marenzais. Oblique à droite sur Maulais et te voilà!

Nous étions bien contents d'avoir ses directives, car tout s'est déroulé sans anicroche. Nous avons facilement trouvé la petite commune de 180 habitants qui s'étend sur 586 hectares, associée à Taizé (à ne pas confondre avec la communauté œcuménique).

Pendant longtemps, les gens croyaient que notre ancêtre Nicolas Audet venait de St-Pierre de Maillé sur la rivière Gartempe, dans le département de la Vienne, 55 kilomètres à l'est de Poitiers. En 1992, des chercheurs de l'Association Falaise-Acadie-Québec ont dévoilé une plaque commémorative à Maulais; ils venaient de trouver dans cette localité l'acte de naissance de Nicolas Audet et l'acte de mariage de ses parents.

En arrivant dans cette halte de tranquillité, vers treize heures, nous sommes enchantés de découvrir un village entouré d'une nature luxuriante. Mais comme c'est silencieux! Pas une mouche, pas un bruit... Nous avons traversé un ancien pont, garé la voiture et, tout à coup, un couple de Maulaisiens est sorti de sa demeure afin de nous saluer. Rares sont les visiteurs, car ils se souvenaient très bien de ma sœur Lynne qu'ils avaient rencontrée lors de son passage. Ils nous expliquent que les heures d'ouverture de la mairie sont les mardis et jeudis de onze heures à midi. L'église, à notre grande déception, est fermée...

Colette et moi sommes quand même émues d'être sur les lieux et nous tenons à nous faire photographier sous la plaque commémorative accrochée au mur extérieur de l'église Saint-Pierre, là où Nicolas Audet a été baptisé le 12 juillet 1637. Heureusement que nous avons des photographies de l'intérieur du bâtiment que Lynne nous a offertes en cadeau. Elle avait eu l'occasion de voir les fonts baptismaux, la chanceuse.

En marchant dans ce charmant village aux chemins pierreux, nous avons l'impression de reculer des centaines d'années dans le temps. Il est si paisible et si loin du brouhaha de nos grandes villes... Pourquoi le fils d'Innocent Audet et de Vincende Roy, mariés à Maulais, à dix heures, le 13 février 1634, a-t-il quitté ce beau coin de pays pour aller outre-mer? Peut-être cherchait-il un avenir plus prometteur... personne ne le sait.

En quête de réponses, nous allons frapper à la porte d'un édifice sur lequel une plaque de ciment indique : MAIRIE. Peut-être y a-t-il quelqu'un. Eh bien oui! Un gentil monsieur se présente. Il est le propriétaire du bâtiment qu'il a transformé en maison privée. Nous nous excusons, un peu gênés de notre audace. Monsieur Gérard Clisson rit :

– Bien non ! Ne vous en faites pas. Cela m'arrive assez souvent. J'ai l'habitude. C'est à cause de l'écriteau, au-dessus de ma porte. Je ne veux pas l'enlever, c'est de l'histoire. La mairie actuelle occupe les vieux locaux de l'école communale. Mais entrez, entrez.

Nous refusons de l'importuner. Malgré tout, le temps passe et nous causons avec lui un bon quart d'heure.

Évidemment, nous faisons la tournée des pierres tombales. Nous sommes quatre à scruter les noms des monuments dans un vieux cimetière propret, très humble cependant. Encore plusieurs disparus du nom de Audet. Ah ! Comme nous aurions aimé avoir un guide ! Nous aurions pu aussi trouver le lieu du moulin de Maranzais où le grand-père de Nicolas, Jean Audet, était meunier vers 1580.

Après avoir marché dans les rues, étudié l'architecture des maisons, nous décidons de quitter Maulais pour aller à Taizé. La famille paternelle de Nicolas était originaire de Taizé, commune limitrophe de Maulais. Nous sommes bien surpris d'y voir des dolmens. Rêvons-nous ?

Nous dînerons au restaurant des Dolmens, restaurant ni luxueux, ni très beau. Nous aurons par contre, à un prix bien modique, un repas gastronomique du terroir : terrine, salades aux carottes, aux betteraves, au couscous, osso bucco de dinde avec sauce marengo, rognons de veau en sauce, du vin maison, éclairs au chocolat, glace à la crème, café. Incroyable ! Et puis nous sommes repartis, rassasiés, vers Tours et les châteaux de la Loire.

Maurice avait eu l'occasion de visiter sa ville natale quelques jours auparavant. Son ancêtre, Jean Brochu, vient de Montaigu, ville au passé prestigieux et aux espaces très appréciés, dans le département de la Vendée, au Poitou. Il s'est donc amusé un peu à nous taquiner...

— Ah! les petites Lapointe, vous venez de lieux bien modestes. Pas très riche, votre village.

— C'est vrai, avons-nous répondu, mais qu'il est agréable, ce village, et que ses habitants sont accueillants. Nous sommes fières d'être liées à cette terre tranquille et nous pensons que, parfois, lorsque la vie devient trop trépidante à Gatineau, nous saurons maintenant fermer nos yeux et rêver.

* * *

Vacances d'un moment

Devant moi, un gâteau glacé, paré de bonbons roses, une seule bougie, centrée, enfoncée, une flamme bleue et des yeux céruléens et dorés, bien grands, des regards d'enfants, un compliment...

— Bonne fête Mamie, bonne fête Mamie!

Hier encore, j'étais enfant, j'avais, moi aussi, cinq ans, je chantais : Bonne fête grand-maman.

Courte visite au pays des petits pas, au pays des rires et du chocolat.

Mais Dieu! Où s'en est allé le temps?

Bonne fête Mamie. Mélodie familière, mélodie des anniversaires, mélodie des jubilaires. Le temps d'une courte vacances, une courte absence, le temps d'un souffle court, déjà le retour.

* * *

T'as d'la chance maman
Le plus fort c'est mon père

Lynda Lemay

Bonne fête des pères

Dimanche 19 juin, 2005
Bonne fête des pères à mon mari !

Aujourd'hui, cher Maurice, je veux te remercier d'être un bon papa pour nos trois enfants et leurs conjoints et un grand-papa absolument admirable pour nos treize petits-enfants.

Ils sont grands maintenant, ces enfants qu'on aime tant, mais toujours, tu restes « papa », celui qui est là, leur sécurité, le guide qui dirige sans forcer ou la voix qui conseille sans imposer, la force qui soutient. Tu sais les écouter avec compréhension, douceur et intelligence. Ton amour patient et désintéressé leur apporte sécurité et sagesse, bonté et confiance et tu leur montres le chemin pour être heureux. Notre cher fils, Pierre, est papa de six enfants et, à son tour, il veille avec amour sur sa famille.

Pierre a besoin d'aide pour réparer sa piscine : malgré ta fatigue, tu y vas joyeusement et tu passes tout un samedi chez lui. L'hiver, combien de fois tu t'adonnes à passer par là afin de souffler sa neige ?

Julie voudrait bien finir la peinture d'une chambre avant l'arrivée du bébé. Tu deviens peintre pendant trois jours.

Manon appelle. Les maçons viennent construire un mur de soutènement dans leur cour :

– Dad, tu peux passer la journée ici ? On doit partir pour le bureau et il faut quelqu'un pour surveiller, pour aider.

Fier de rendre service, tu deviens foreman sans rouspéter.

Tu es toujours prêt et tu les fais passer bien avant toi, tu es l'ami sur qui ils peuvent compter.

Les petits veulent aller au cinéma. Te voilà par un beau dimanche après-midi, dans le noir, en train de regarder les incontournables, Robots ou Madagascar.

Tu sais aussi badiner et rire avec eux, jouer à des jeux d'ordinateur ou de billards ou de basket.

Il pleut, tu te hâtes d'aller les chercher à l'école.

La petite veut des tablettes dans sa chambre pour ses poupées. Papi devient menuisier.

Cher époux...

Beethoven disait : *La seule supériorité que je connaisse, c'est la bonté.*

Je trouve qu'il avait entièrement raison.

Il n'y a rien comme la bonté d'un homme pour faire monter des larmes aux yeux...

Il n'y a rien comme ta tendresse pour notre famille pour faire gonfler encore davantage mon cœur amoureux.

Ton épouse depuis trente-six ans,

Lysette

* * *

Paysage à la perdrix

Moi, rendue quinquagénaire, je fréquente l'Atelier de peinture depuis déjà trois ans. Ma grande fille, Manon, me devinant un peu triste, et même un peu déprimée depuis ma retraite de l'enseignement, m'avait traînée à la première soirée :

– Viens maman, ça va te faire du bien. La ville offre ces cours presque gratuitement, puis on va s'amuser ensemble. J'avais protesté.

– J'ai pas de talent, j'ai jamais tenu un pinceau dans mes mains, qu'est-ce que je vais aller faire là?

– Maman, arrête de protester et de t'obstiner. Tu peux au moins essayer, puis si t'aimes pas ça, ben... tu lâcheras.

À bout d'arguments, n'ayant pas l'énergie de continuer la discussion, j'ai cédé.

– Bof! J'y vais pour te faire plaisir ma fille, mais attends-toi pas que j'y reste.

Et les semaines, les mois et les années ont filé. C'est enfin Manon qui a abandonné ses leçons d'art, préférant consacrer ses soirées à son nouvel ami, le beau et galant Emmanuel.

Eh bien, si j'étais plutôt timide au premier cours, j'ai vite appris à me fier à mon anima. En peu de temps, j'osais tenter des expériences artistiques. Plus créative que jamais, je développais un certain style, mes propres techniques personnelles. Un soir, Monsieur Guillaume donne ses consignes, comme il le fait à chaque rencontre :

– Vous allez écouter une mélodie de cors et de clairons, et tout en vous imprégnant de la musique, vous allez peindre ce qui monte en vous. Laissez votre pinceau raconter votre histoire, vos sentiments, vos préoccupations. Ne vous censurez pas. Vous êtes la musique... allez, suivez votre rythme.

C'est bien beau, mais moi, je n'ai, ce soir-là, qu'une seule chose en tête et la plus belle symphonie du monde ne pourrait l'effacer. La veille, je me suis rendue chez des potiers afin d'y voir des carreaux de céramique. Maurice a entrepris de refaire à neuf la salle de bain et il m'a demandé de choisir le revêtement du plancher. J'ai bien visité quatre commerçants et vu des centaines de carreaux venant d'Italie, d'Espagne, du Mexique. Me voilà en pleine névrose. Je n'arrive pas à choisir ou à trouver la céramique la moins chère, la plus belle, de la bonne couleur, et ce, même avec l'aide et les conseils des meilleurs vendeurs de la ville. Bizarre comme une simple tâche peut devenir aussi cauchemardesque !

Les musiciens claironnent pendant que moi, la rêveuse, je tâtonne... un coup de pinceau à gauche, je retrempe les poils de soie dans le brun, dans le jaune, dans le beige, pourquoi pas ? Moka et du blanc et du roux... Me voilà qui bats la musique, mon pinceau hache la toile, virevolte, recommence. Quel plaisir ! Quelle détente !

Le temps passe. Monsieur Guillaume, au bout d'une heure, ramène ses artistes à la réalité :

– Prenez un moment pour donner un titre à votre création.

En observant ma composition spontanée, je reste bouche bée... J'ai devant moi le carreau de céramique que j'aurais bien aimé trouver hier soir. Fou rire ! Je me parle intérieurement.

– Un peu de sérieux Lysette. Je ne suis quand même pas pour avouer que cette musique sublime me ramène dans la salle de toilette.

Monsieur le professeur s'approche.

– Et vous, Madame, qu'avez-vous cherché à exprimer dans cette magnifique harmonie terreuse d'or et de brun?

Je bredouille.

– C'est euh! C'est un paysage... oui, c'est ça... c'est un paysage de, de... perdrix qui se nichent dans le sol. Mon tableau se nomme *Paysage à la perdrix*. Voilà!

Monsieur Guillaume se dit impressionné. Il soupire! Après un bout de temps, il déclare :

– C'est vrai que les élèves dépassent leur maître, très souvent. *Paysage à la perdrix*! Quelle originalité! Et dire que moi, pauvre vieux que je suis devenu, je n'y ai vu qu'un carreau de céramique.

* * *

J'ai lu votre texte « Comme un arbre » que j'ai vraiment aimé. Moi je ne suis qu'une petite branche, d'un petit arbre, dans une grande forêt...

Gwladys (11 ans)

Comme un arbre

Comme un arbre, j'ai besoin de lumière. Si je suis fermement attachée à mon sol, toujours mariée à la terre, je grandis néanmoins vers le ciel et je croîs. Je mûris en noblesse et en beauté.

Par certains jours noirs et sombres de l'hiver ou certaines heures d'automne noyées de pluie, je travaille à l'intérieur et j'attends. Je n'ai nulle protection ni secours, je suis incertitude maillée d'espérance. Je ne commande pas à la nature, je collabore avec elle.

Comme un arbre, j'ai mes saisons, mes forces, mes failles.

Continuer... comme un arbre, ce n'est peut-être pas maudire les intempéries, mais les accueillir, dormir une courte nuit, pour recommencer le lendemain, apprendre à mourir pour renaître. Continuer... comme un arbre, c'est peut-être me lever chaque jour, avant le jour, prête à affronter les coups du sort, prête à faire alliance avec ma vie.

Je connais misère et grandeur, le passage de la nuit au jour, la fraîcheur des rivières à mes pieds et le fruit du labeur de mes bras.

Que sais-je encore ?

J'ai appris à m'incliner, à me redresser, à écouter la beauté dans le murmure du vent...

Parfois ma parure cache mon écorce fragile, parfois encore je me dépouille, pour mieux me révéler.

J'ai le juste orgueil, de donner l'ombre au passant, et j'ai la fierté, de mes racines profondes.

Les marques de mon passé trahissent mon âge, mes peurs et mes pensées, voyez mes nœuds d'anxiété, mes blessures, branches cassées.

Pourtant, je m'élève malgré tout, je parfume l'air à ma façon, le temps me couronne de fleurs, à l'occasion.

En vieillissant, je me souviens avec émotion de l'oisillon que j'ai bercé et du refuge que j'ai offert aux jeunes de mon quartier. Mes prières deviennent contemplation. J'apprécie l'horizon du lendemain, je chante l'oraison.

Si l'arbre est fort, il craint toujours le feu et le bûcheron, de même, je frémis devant le mal, la guerre et plus que tout, devant l'indifférence, l'insouciance.

Je porte toujours en moi l'arbre de la croix !

Certains arbres deviennent bois de chauffage, paniers de bois, feuilles de papier, bois d'ébénisterie, copeaux, gîtes, balai neuf ou lambris.

Je parie que la Vie fera de moi une petite feuille de papier fleuri, j'espère qu'on y écrira un vers ou deux de poésie.

* * *

C'est un métier de faire un livre,
comme de faire une pendule.

La Bruyère, Les Caractères

Dans la folie de la nuit [32]

Je ne dors pas ! L'autre respire profondément à mes côtés, mais moi, depuis déjà des heures, je suis très loin dans la solitude de l'écrit et je scribouille avec entêtement mes idées sur une tablette de papier blanc quadrillé. Seul témoin de la scène, une lampe de chevet qui n'ose pas trop déranger.

---

32. *Dans la folie de la nuit,* récit portant sur l'écriture. Écrire Magazine, n° 88, Boucouzé, France, juin-juillet 2005.

Recroquevillée frileusement sous l'édredon, adossée à l'oreiller, le cœur palpitant, je suis en plein drame. *Dans son excès de colère, le père de Christina a parlé de la tuer. Elle n'a même pas l'âge de quatorze ans et elle veut épouser ce Mario qui en a trente. Le juge décide donc que le couple peut se marier, mais qu'il y aura séparation des corps pendant un an.*

Les mains contre le front par moments, je n'ose pas continuer. Une peur tenaille mon estomac. Tiens une fringale ! Je pense aux biscuits à la vanille sur le comptoir de la cuisine. Tant pis ! Le délire poétique reprend, la muse se déchaîne, ma saga brésilienne continue.

Si le père était d'abord furieux contre cet homme qui lui avait volé sa Christina à l'âge de treize ans, une fillette qui n'avait même pas ses règles, qui ne connaissait rien à la vie, il a quand même pardonné. Ébauche sans rature. Sensation de conquête ! L'histoire se déroule vers un heureux dénouement.

Une nouvelle démangeaison me pousse à gratter mon papier. Maintenant, nouvel élan, survitesse émotionnelle. Tout peut arriver. Émue par la joie de Christina, je m'inquiète, car *déjà son jeune mari a commencé à faire des livraisons de cargaison de cire carnauba et il a les poches remplies d'argent.* Fausse mesure, je me fais une critique virulente, je maudis ce métier de peine qui me fait perdre mon temps. Frustration ! Plaisir de la plume interrompu ! Je me perds dans le labyrinthe de mon esprit.

Je me relis ! Je n'ai pas le choix, je dois me débarrasser de ce Mario si je veux changer la trame du déroulement. Voilà ! *Il a profité d'une livraison pour aller boire un verre dans le quartier de la prostitution. Tou-*

jours est-il qu'il lui arrive, à Parnaïbe, d'être drogué et volé par des prostituées ou leurs proxénètes. Pendant trois jours, la police le cherche, car personne ne sait où il est, ni ce qui lui était arrivé. Suite à cette aventure, il est devenu très dépressif, a acheté une arme et s'est suicidé. Je murmure :

– Bon débarras !

Mon conjoint se réveille en sursaut :

– Mais qu'est-ce que tu fais ? Il est quatre heures, tu te rends compte ? Pas encore une nuit blanche. Au lieu de coucher des mots sur une page, tu ferais mieux de te coucher ma chérie !

J'éteins !

Pour me consoler, je me dis : « Peut-être que mon récit vivra longtemps dans le cœur de mes lecteurs. Demain, je le peaufinerai, j'ajouterai de la couleur. » Je retombe dans le rêve et dans le climat tropical de mon imagination. À l'aube, je corrigerai ce premier jet de mon roman d'amour.

* * *

À Limbour, Gatineau, 2002
Photographie : Maurice Brochu

Saison des fruits

Aujourd'hui, moi, la femme plus mûre

Photographie : Maurice Brochu

Voici une petite histoire inspirée d'un fait réel; vous comprendrez, lorsque vous l'aurez lue, pourquoi je l'ai écrite à la troisième personne, préférant prendre une certaine distance...

L'instant d'un autre regard [33]

Touriste en France, depuis trois jours, Rose a arpenté joyeusement les rues de Nantes et de La Rochelle en bonne compagnie. Son mari depuis trente-cinq ans, Samuel, est aussi son meilleur ami. En ce beau jour d'octobre, depuis quelques heures à peine, le couple a emprunté la route en direction de Cognac.

Dans la voiture, Rose ne peut s'empêcher de penser à voix haute, même si elle se reproche par moments d'être aussi bavarde. Samuel a toujours su mieux tenir sa langue, peser ses mots, respecter le silence.

– Nous sommes chanceux, chéri, n'est-ce pas? Jamais je ne me suis sentie aussi à l'aise dans un endroit. Dieu que c'est beau! As-tu remarqué combien les gens sont polis, et accueillants? Je ne peux pas croire que nous avons fait du lèche-vitrine, rue Crébillon,

---

33. *L'instant d'un autre regard,* nouvelle publiée sous le titre *Rose bonbon* dans la revue Brèves littéraires, Société littéraire de Laval, n° 69, hiver 2005.

ou que nous avons dîné au célèbre restaurant La Cigale. Et parlons des plaisirs de la table! À midi, j'ai choisi les tagliatelles à la crème et aux lardons. Délicieux! Nous en aurons des choses à raconter de ce voyage, hein? Regarde, on pourrait bifurquer vers Rochefort...

Le front plissé, Samuel répond ;

– Écoute, Rose... c'est la première fois que je conduis cette voiture, et c'est aussi la première fois qu'on fait ce trajet. Je dois me concentrer. Si nous voulons arriver à destination avant la nuit, il faut filer. Conduire en pleine noirceur, tu le sais, c'est pas possible avec l'handicap de mon œil gauche. On va cependant s'arrêter, à l'Office du tourisme de Saintes, parce que j'ai besoin de renseignements sur la région de Poitou-Charentes si je veux poursuivre nos recherches généalogiques. Tu sais, on dit que Saintes, c'est une ancienne ville romaine qui surprend ses visiteurs.

Passant d'un sentiment à l'autre, Rose, le visage presque collé à la vitre, regarde maintenant distraitement le paysage par la fenêtre pendant qu'elle pense à ses enfants et à ses petits-enfants.

– Ça m'attriste un peu de savoir que nous ne verrons pas notre famille pendant un mois. Ils sont bien loin nos trésors. L'Outaouais me semble à l'autre bout du monde. J'ai posté mes cartes ce matin. Comme les petits vont rire d'apprendre que tu as posé le pied sur une crotte de chien parce que tu étais trop occupé à regarder l'architecture des maisons.

Samuel sourit. Il jette un coup d'oeil vers sa femme. Toujours amoureux, malgré le passage des années, il effleure son visage de ses gros doigts, lui caresse la joue, les tempes, les cheveux. Il aime sa candeur, il connaît sa fragilité. Sous son regard de tendresse, Rose lui répète qu'elle se sent toujours belle, le cœur ouvert et gai, l'âme en paix. Il est habitué aux propos incessants de son épouse et à son entrain. Elle a toujours eu le goût de partager, de parfumer l'air à sa façon.

– Tiens, Brouage. C'est le lieu de naissance de Champlain. Je voudrais tout voir. Oh! Samuel! Je pense que je suis faite pour le voyage. J'aime explorer le monde, découvrir des lieux, me promener avec toi. Parfois nous avons nos divergences, mais la plupart du temps, c'est l'harmonie, pas vrai mon chéri?

Pour seule réponse, l'homme serre la main de sa conjointe. La voiture s'arrête.

Samuel regarde autour de lui.

– Il paraît que les guerres, les alliances, les trahisons, les bombardements, rien n'a épargné la belle ville de Saintes, Rose. Peut-être que certains lieux sur notre planète se prêtent moins au bonheur? Tu veux m'accompagner ou tu préfères rester dans la voiture pendant que je vais chercher les documents?

Rose désire reposer son esprit, lire un peu.

– Je m'assoirai sur ce banc, en face des magasins. Je veux continuer la lecture de mon roman.

– C'est parfait! Un quart d'heure et je serai de retour.

Interlude heureux dans la symphonie du jour. Bien assise, Rose, tout en grignotant des pistaches sucrées, dévore les mots de la page : *La beauté donne peut-être à un être humain le statut d'une œuvre d'art, mais un rien transforme la souveraine d'hier en souillon*[34].

----

34.   Pascal Bruckner, *Les voleurs de beauté*, Bernard Grasset, Paris, 1997, p. 172.

Tout à coup, un jeune passant, à l'épaisse chevelure noire bien coiffée, à la tenue sportive sobre et griffée, s'approche de la liseuse. Il cligne des yeux.

– Excusez-moi, Madame, mais je cherche une dominatrice.

Rose lève la tête et un regard polisson la dévisage. À la mine ahurie de son interlocutrice, l'homme voit qu'elle n'a pas compris.

– Je cherche une dominatrice sexuelle, Madame. Vous voulez vous occuper d'un jeunot comme moi ? Nous pourrions nous amuser ensemble.

Rose reste là, figée dans son sourire vulnérable ! Elle n'en revient pas, d'être ainsi accostée par un inconnu, et l'étrangeté de la situation la fait frémir. Est-ce une plaisanterie ? Une peur, mêlée de répugnance devant une invitation aussi surprenante, l'envahit. Rétive, elle réplique:

– Euh ! J'attends mon époux. Nous sommes en voyage. Je... je... je... Le voilà ! Il s'en vient !

L'étranger repart et, à son allure rapide, on pourrait croire qu'il a un rendez-vous ailleurs.

– Qu'est-ce qu'il te voulait ? demande Samuel.

Embarrassée, elle balbutie :

– Bien... il cherchait son chemin... Je lui ai dit que nous n'étions pas d'ici.

Une fois remontés dans la voiture, la ceinture de sécurité bien bouclée, les voyageurs reprennent la route.

Un silence lourd s'installe entre eux. Rose repasse et repasse, en elle-même, les détails de sa curieuse rencontre. « Est-ce que je donne l'impression d'être une femme facile ? Pourquoi m'a-t-il approchée, moi ? Suis-je victime du hasard ? Ai-je un air sévère de dominatrice ? Est-ce qu'il y a bien des hommes comme lui, qui

rôdent dans les rues? Il était pourtant si élégant...
Pourquoi cherche-t-il à se faire humilier? S'imaginait-il
vraiment que je le suivrais? À mon âge... Certaines
femmes disent sans doute oui à de telles propositions
intimes. Je devrais peut-être en rire mais je ne peux
pas... j'ai la nausée. Demain, je raconterai cet incident
à Samuel... oui, peut-être demain... »

Samuel l'observe. Il ne comprend pas pourquoi sa
Rose, tout assombrie, baisse les yeux et ne veut plus
parler. Un peu comme si un voleur de beauté était
passé...

Vent de chagrin

Je me sens emballée à l'idée de coucher à l'Hôtel
Van-Gogh, à Saint-Rémy-de-Provence. Outre le confort
d'une chambre provençale, nous serons à deux pas de
l'asile où le peintre fut interné en mai mil huit cent
quatre-vingt-neuf. J'ai toujours rêvé de voir ce lieu, car
c'est là que l'artiste a peint : *La fontaine dans le jardin
de l'hôpital*, *La nuit étoilée*, *Champ de blé et cyprès*,
Coin du parc de l'asile Saint-Paul, et plusieurs autres.
Je suis une grande admiratrice de l'œuvre de Vincent
et j'ai lu plusieurs biographies qui m'ont rendu l'homme
encore plus mystérieux et plus intéressant.

De plus, le temps de l'année, fin février, nous permet de découvrir le mistral. Sous les rafales de ce vent
violent qui nous bouscule, mon mari rit de me voir enchantée et si heureuse. Il passe son commentaire :

– Les gens d'ici ne semblent pas très contents de
ce mange fange comme ils disent. Moi-même j'aurais

préféré une belle brise à ce roi des vents provençaux. Curieux de te voir aussi folle d'un vent aussi fou.

– Chéri, si tu savais combien souvent j'ai imaginé le mistral grâce à mes lectures. C'est romantique, et plus le vent se déchaîne, plus je me sens proche des écrivains et des peintres qui me l'ont présenté.

Notre chambre jaune et bleue, décorée sobrement, ressemble à celle que Vincent a immortalisée et j'ai le sentiment d'être entrée dans un tableau. Je caresse la chaise de bois au siège de jonc, comme si mon peintre s'y était assis hier, et le bouquet de tournesols sur la table de chevet, bien qu'il soit artificiel, me comble de joie tranquille.

Aussitôt nos bagages défaits, je veux explorer la ville. Nous allons manger au meilleur restaurant du monde, c'est moi qui le dis, *Le Pistou.*

L'aubergiste nous sert une soupe au pistou avec beaucoup d'ail, des olives noires, une miche de pain et du beurre frais, un vin de pays aussi et il prend le temps de causer avec nous. Il a la moustache, le tablier, l'embonpoint et le rire de ces petits personnages aux formes naïves et aux frais coloris qu'on s'amuse à représenter en terre cuite, les santons, et qu'on retrouve dans toutes les boutiques du coin. Que je savoure ces moments d'odeurs et de saveurs.

Rassasiés, nous décidons d'aller immédiatement visiter l'Asile de Saint-Rémy. Les jardins d'iris, les cyprès tordus, le mémorial à l'artiste, tout nous émeut. Je m'assois sur un banc de pierre et je me laisse imprégner par ce que je vois pendant que mon conjoint prend des photos et des photos. J'observe les fenêtres du bâtiment qui sont garnies de barreaux. La chambrecellule de Vincent, à ce qu'on dit, était au premier étage de l'aile, à droite...

Soudain, un sentiment écrasant m'envahit. Est-ce par compassion pour ce pauvre génie en proie à des crises émotives graves ? Un enclos couvert de mauvaises herbes et mal entretenu retient mon attention. Van Gogh disait que la terre de ce lieu était bouleversée. Pauvre lui ! Comme il a dû se sentir seul et délaissé, loin des siens, l'âme malade. Maintenant, tout me semble sinistre et j'ai le cœur gros. Comment peut-on enfermer un tel talent sans traitement autre que des séances de bain, dit-on, et le laisser cloîtré ainsi pendant un an ? Coupable d'une fièvre créatrice, il n'a pas su se défendre. Incompris, il a cherché une porte de sortie dans la folie.

À mon tour, enfermée dans les dédales de mon esprit, je n'arrive pas à communiquer mon état d'âme à mon chéri qui s'est transformé en touriste-photographe. Il veut me capter sur pellicule à côté des cyprès, ou regardant les iris. Mon rêve devient cauchemar. Je lui signale qu'il est temps de quitter ces lieux, je lui souris à contrecœur, et le chagrin m'accompagne jusqu'à l'hôtel. Je me sens abandonnée.

– Ça va ma femme ? Tu sembles pâle. As-tu bien digéré ta soupe au pistou ?

– Oui, ça va ! Disons que le mistral m'a un peu essoufflée, c'est tout.

* * *

Toujours hantée par l'émission Enjeux du 27 novembre 1995, animée par Pierre Nadeau, au sujet des petites Chinoises vivant dans les orphelinats de leur pays, je me suis imaginé ce que l'une d'elles voudrait me dire.

Et si c'était toi

Tu me regardes ! Je crie, je fixe mes yeux sur toi, je cherche à te rejoindre. Affamée depuis ma naissance, j'ai faim du lait maternel, faim d'amour ! Anémique, faible et malade, je ne connais rien d'autre qu'un ventre creux. Seule, ignorée et abandonnée, j'ai si peur. Ici, pas de calmants pour mon angoisse. Je n'ai pas de mots pour me dire, alors je ne pleure plus beaucoup. Il n'y a personne pour me répondre, personne qui me console. À demi-vêtue, transie, je frissonne de froid. Mes pieds sont glacés. Les mouches rôdent, se posent sur mon visage et partout sur mon corps. Elles sont attirées par ma puanteur. Je baigne dans mon urine et mes excréments. J'ai honte ! Mes escarres me font mal. Mais j'ai plus mal encore d'être rejetée, bousculée, négligée, abusée. Je suis, ô malheur, née fille, ici, dans un pays qui ne sera jamais vraiment le mien, la Chine.

Mes parents voulaient un garçon, quelle déception ! Ils m'ont portée à l'orphelinat, tête basse, en silence. Ici, moi, la sans-nom, on m'a attachée à ma chaise, attachée à mon lit. Infirme à présent, je ne grandis pas comme tes enfants, je pourris et j'attends. Parfois, je me berce pendant des heures, je cherche le sommeil ou la mort.

Tu me regardes ! Mon nez d'enfant est écrasé contre la vitre de ta télé. Mon odeur, heureusement, ne t'atteint pas. Tu hoches la tête, mais tu es habituée maintenant à voir la misère. « Quand même, c'est épouvantable ! », c'est ce que tu diras, demain, aux filles du bureau. Tu écriras, de ta belle calligraphie, avec ta plume trempée dans l'encre de Chine, un poème touchant. Tu grignotes tes biscottes et tu manges un morceau de gruyère frais. Tu bois lentement ton verre de jus de fruits. Ton chien est allongé sur le divan tout près de toi. Il fait chaud dans ta maison. Tes enfants dorment paisiblement dans leurs lits blancs. Tu limes tes ongles, et tu bâilles. Il est tard, peut-être trop tard. Fatiguée ? Tu me regardes mourir un moment encore. Et puis, c'est trop dur pour toi, je te gêne, tu changes de poste. Tu zappes ! Excuse-moi de t'avoir dérangée, mais dis : Et si c'était toi qui étais moi ?

* * *

Voir ou ne pas voir...

Je m'étais levée en m'étirant langoureusement, le cœur joyeux et léger pendant qu'une lumière d'une blancheur éblouissante pénétrait dans ma chambre à coucher, faisant dorer jusqu'à la plus petite épingle qui pourrait traîner sur mon chiffonnier. Festin pour mes yeux.

Je savais que sur la table de la salle à dîner, au rez-de-chaussée, un journal fermé m'attendait. Mon mari, très routinier, avait pris l'habitude de le déposer là, pour moi, pendant qu'il allait faire ses courses de la journée.

C'était un matin à l'air enchanté. Je mis ma robe de chambre en velours côtelé et je glissai mes pieds dans mes pantoufles usées. Après avoir brossé mes dents, je passai le peigne dans mes cheveux et je descendis à la cuisine en chantonnant.

Dix minutes plus tard, je m'assoyais, comme d'habitude, une tasse de café à la main, devant quelques rôties à l'odeur miellée. Ah! les odeurs du pain grillé et du café...

Le Requiem de Mozart m'accompagnait en ce début de matinée. Je crois que le disque était déjà prêt à tourner et que j'ai simplement appuyé sur le bouton d'allumage, un peu comme on fait tant de gestes, sans vraiment y penser.

En lisant l'éditorial, je soulignai en rouge une ou deux idées. Je grignotai quelques bouchées et parcourus rapidement les rubriques financières, puis j'allai voir le programme du cinéma du quartier.

Je lus presque tout le journal, des manchettes de la première page aux bandes dessinées, des nouvelles locales et mondiales aux colonnes nécrologiques ou aux petites annonces classées. Cependant, je ne m'attardai pas à la section des sports, car même les plus grandes liseuses ont leurs limites ou leurs préférences, et je n'ai jamais su m'y intéresser.

À la page vingt-huit, une photo me saisit, me surprit, me fit à l'instant pleurer de façon incontrôlable, à la manière d'une fillette abandonnée. Un enfant rwandais tentait de réveiller sa mère morte, assassinée, gisant sur le sol terreux de son pays en guerre. Les cris de cet enfant traversaient le temps et l'espace, me réveillaient à une autre réalité. La morte avait les yeux ouverts sur ma vie, sur mon café, sur mon confort et ma journée ensoleillée.

Je ne supportai pas ce regard qui venait me déranger chez moi. Cette photo de Javier Bauluz, une des photographies gagnantes du prix Pulitzer 1995, me fit trembler d'émotion. Je fermai le quotidien et retournai me coucher, le cœur tout chiffonné.

Depuis ce jour, ces yeux me traquent et toujours, comme un écho qui annonce une nouvelle, encore et encore, sans jamais se lasser, me narguent sans cesse, oui! Un écho qui revient dire et redire la même annonce, et j'entends encore ces paroles d'une chanson africaine que j'avais déjà écoutée, et qui, en ce matin-là, dans mon esprit, se maria à jamais de façon mystérieuse à la musique du grand Mozart...

> *Femme noire, femme africaine,*
> *Ô toi ma mère, je pense à toi!*
> *Ô Dôman, ô ma mère, toi qui me portas sur le dos [...]*
> *Femme des champs, des rivières, du grand fleuve,*
> *Ô toi, ma mère, je pense à toi [...]*
> *comme j'aimerais encore être dans ta chaleur,*
> *être enfant, être enfant près de toi*[35].

Ô Cécité de l'âme! Toutes les femmes de la terre sont un peu notre mère et tous les bambins du monde, un peu nos enfants. Rien ne saurait justifier notre

---

35.   Camara Laye, *L'enfant noir,* Plon, Paris, 1954.

indifférence, même notre sentiment si fort d'impuissance. Pardon ma mère, pardon mon enfant.

* * *

À une amie, Jacqueline, qui a pris soin pendant des années de son mari malade.

Revenir seule dans le silence

Mon chéri, as-tu le goût de prendre des vacances ?
Veux-tu retourner en Provence ?
Réponds chéri, dis, as-tu souvenance de nos sorties ?
Tu penses encore à nos folies ?
J'aimais tant me blottir dans tes bras, courir les fêtes et les galas, me pendre à ton cou et rire mon chéri, rire de rien, rire de tout !
Où es-tu mon mari ?
Pourquoi as-tu choisi l'oubli ?
Ce soir, Henri, il y a danse, chez nos voisins les Lafrance.
Si tu préfères, nous irons jouer aux quilles, jouer aux cartes, jouer notre vie, jusqu'aux petites heures du matin, faire le tour de la ville, main dans la main, comme autrefois mon chéri.

Ah ! Maudite maladie
Vais-je encore revenir seule dans le silence ?
Vais-je encore pleurer ton silence ?

* * *

Un peu partout sur la terre, des personnes âgées se sentent abandonnées, ignorées. Elles meurent parfois parce qu'il n'y a plus un seul regard d'amour posé sur elles.

Captive

sans cesse bousculée
au large de mes vieux jours
j'habite ici depuis trop longtemps
à l'heure de m'endormir
engluée dans la marée noire de mes nuits
je me sais condamnée à revivre
à la pointe du jour

Ô sentence sévère !

vogue ma galère et je crie
viendra-t-il le jour de ma libération ?

l'éternité durant
je voudrais me bercer
au gré du vent
m'étirer au soleil
m'allonger sous la lune
me laver du mal de la terre
guérir mon âme esseulée
boire un bon thé dans ma tasse de fantaisie
retrouver mes bien-aimés
reprendre ma liberté

depuis les grands adieux
moi, mouette blanche blessée
je compte les heures
mon cœur à la merci du temps

j'attends

tous les oiseaux de mon paradis
sont partis

* * *

Texte écrit après l'explosion de la navette spatiale Columbia qui s'est désintégrée au-dessus du Texas au moment de sa rentrée dans l'atmosphère, le 1ᵉʳ février 2003. Je me suis imaginé la souffrance d'une femme qui aurait perdu son compagnon de vie.

Mon chant du désert

Depuis ton départ, j'apprends l'humilité. Je hais la vie solitaire où je suis devenue, malgré moi, femme du désert, poète nomade. Sublime errance ! Privée de repères, tout est mirage. Je te cherche, là où le hasard me mène, comme si tu étais ma terre promise. Je ne trouve point de sortie, aucune issue de cette route d'enfer. Sans dessein et lasse, je m'endors, recroquevillée, destinée à compter les squelettes aux os blanchis qui peuplent mes rêves.

Parfois, dans la fraîcheur caressante de la nuit, je me grise de lumière et d'espace et, en songe, me vois encore jeune, danser pieds nus sur la crête des dunes. Plus souvent, cependant, je me perds dans la grandeur de mon triste désert, ce lieu de deuil, de tribulations, de tentations et de désespoirs. Hideux cauchemars ! Angoisse ! J'écris ton nom sur le sable rouge qui flambe. En vain... Au matin, je ne retrouve que cendres et silence. La gorge cartonnée, je crie... Qui a tué l'air ? J'étouffe.

Après tant d'années à me lamenter, à tirer l'eau de mon cœur, mon visage ressemble maintenant au sable ridé. Le vent a séché mes larmes en y dessinant des vagues. J'ai les lèvres éclatées, le teint, par taches, bruni, les talons percés d'avoir trop marché sur place. Autrefois tu aimais cette poussière d'or qui teintait mes cheveux. Ô beauté désolée ! Me voilà ! Statue de sel depuis que je me retourne sur notre passé, ma tête, méchée de gris et d'argent, mon regard, figé. J'ai vieilli trop vite dans cette étendue immense de mon intolérable solitude. Comment pourras-tu me reconnaître au jour du jugement ? Nous ne serons pas de vieux époux usés ensemble par la vie. Tu conserveras ton regard de jeunesse et moi, je marcherai en tremblant.

Rien ne peut effacer ces images de toi en moi. Parfois, tu sais, je prie Dieu : «Écarte de moi ce désert...» Puis je reprends ma prière. C'est tout ce qui me reste de toi ! Je suis captive d'une présence vide meublée de souvenirs anciens. J'égrène alors un chapelet de moments magiques, de quand la lune était plus blanche, plus étincelante, le ciel plus pur, les nuits moins froides. Oasis ! Je me tais et je bois à ce puits caché de mon âme. Impression d'éternité avec toi, mon déserteur impitoyable. Instant d'ombre et de silence. Subtiles ivresses d'un moment en Paradis ! Petit souffle de bonheur. Douceurs et torture. Je franchis l'abîme qui nous sé-pare, j'oublie un peu que tu es parti pour toujours, mon chéri. Tu sais, il est si dur de fouler seule le sable de la terre...

* * *

Je ne voyage sans livres ni en paix ni en guerre...
C'est la meilleure munition que j'ai trouvée à cet humain voyage.

Michel de Montaigne

Feue la Bibliothèque de Bagdad [36]

Avant le grand feu ravageur, sont d'abord venus les voleurs, les pilleurs, des hommes, pris de colère, d'une ivresse d'indépendance, de mépris et de peur. Ils sont entrés dans le temple de la sagesse et de la science, afin de se faire justice, de briser le silence, de s'arroger une parcelle de leur passé.

Ils avaient mal d'avoir été si longtemps bafoués. En hurlant, maintenant, ils crachent sur le travail acharné de leurs ancêtres, des générations entières d'intellectuels, d'écrivains et de savants. Ils maudis-sent, sans gêne, les poètes, les érudits et leurs parents,

36.   *Feue la bibliothèque de Bagdad*, dans *La cendre des mots. Après l'incendie de la bibliothèque de Bagdad, textes sur l'indicible*, collectif sous la direction de Khal Torabully, collection Poètes des cinq continents, éditions de l'Harmattan, Paris, novembre 2003.

souillent, sans chagrin, la tapisserie de leur histoire. Hier esclaves, aujourd'hui traîtres, ces agresseurs souhaitent perdre la mémoire, effacer le règne du maléfique maître.

Devant le déferlement de cette violence, je pleure mon impuissance. J'ai aussi versé des larmes, au jour de la destruction du patrimoine afghan, du Musée de Kaboul et des statues bouddhiques, par les Talibans. Desseins délirants !

Un autre grand chapitre de nos mémoires s'écroule, nous sommes tous perdants. Je reste longtemps devant mon écran, en silence... à regarder la désolation de la démence.

Pitié, le Grand des Grands ! Quelque part, Tu dois bien te cacher dans ce tas de débris ?

Écoute la prière des lettrés, les condamnés de demain, en quête de savoir, entends leurs cris !

Le lieu et la date de ce maudit jour seront, dorénavant, toujours écrits, dans les marges et sur les espaces, laissés en blanc, de tous les futurs manuscrits.

Règne de guerre, de chaos, de passion haineuse et de crimes ! Au nom de Allah, de Dieu, de Jéhovah, de Mahomet ou d'Élohim. Que de folie ! Blasphèmes contre l'humanité, contre la Vie.

Après les jours de bains de sang, les victimes ressemblent à leurs tyrans. Confusion, mensonges, anarchie, souffrance insupportable d'un pays !

Les écoliers, aux visages blessés, aux yeux apeurés, ne lisent plus. Leurs rires et leurs chansons se sont perdus, dans ce formidable tohu-bohu ! Pendant qu'au loin des soldats surveillent des puits de pétrole, pendant que les mères deviennent folles, des bambins observent leurs pères, verser une essence meurtrière, sur

les meubles, sur le sol et sur les murs du célèbre bâtiment, sur les volumes de cuir, de lin et de parchemin,
sur leur héritage, leurs espoirs, leur école de demain.

Les flammes cruelles lèchent l'encre des manuscrits,
dévorent les documents d'histoire et les encyclopédies,
détruisent les photographies anciennes, les thèses de
philosophie, les recueils des chercheurs et les ouvrages
des scribes et de leur belle calligraphie.

Culture en détresse. Victoire de la barbarie !

Les vandales immolent, avec zèle, la Bibliothèque
nationale de Bagdad et avec elle des trésors de souvenirs, rares et précieux : l'histoire de la révolution arabe
sur les traces de Laurence d'Arabie, et quelques pages
illustrées de la magie des contes de Shéhérazade.

Fahrenheit 451! Science fiction devenue réalité.
Les livres mutilés brûlent. Répétition de la tragédie
d'Alexandrie !

La Parole du Prophète se meurt encore au bûcher
des vanités.

Méprise de liberté, holocauste de papier. Le désespoir, en cendres noires.

* * *

Je me suis approprié la douleur que doivent vivre certains prêtres qui ont consacré leur vie à l'Église et qui se retrouvent en pleine tempête.

Prière en haute mer

Je suis un homme de cinquante ans, responsable de deux communautés chrétiennes dans une grande ville moderne, et je suis épuisé. J'ai en moi des nœuds d'angoisse et ma détresse m'empêche de gagner le large et de voguer librement. Je suis à la dérive, j'ai le mal de mer et je m'abîme contre les rochers de mon quotidien. Je suis prêtre et ma vie est une galère.

Lorsque j'ai largué les amarres, jeune mousse enthousiaste, je filais, boussole en main, et je rêvais de faire escale au paradis des gens heureux. En vitesse de croisière, je regardais par le hublot et je voyais la crête moutonneuse des vagues se briser docilement sur la coque du bateau. Je rassurais mes passagers et, malgré le vent et les intempéries, je craignais peu de nous perdre. Je pilotais avec foi et conviction. Je tenais le gouvernail, je m'agrippais à mon chapelet. Maintenant, j'ai peur du ressac et même du calme plat.

Qu'est-il arrivé pour que tout chavire ? Où est-il donc ce havre de paix que Tu m'avais promis ? Je crie : Sinistre en mer ! Personne ne m'entend. Je suis seul, désemparé, désorienté. Je m'enfonce. Je suis à fond de cale. Pitié pour mes larmes salées ! Est-ce Ton courroux qui se déferle sur moi ?

Tu es ma seule ancre de salut, mon Dieu. Prière de m'entendre! Toi, ma bouée de sauvetage, ne me laisse pas sombrer dans les flots noirs du doute et du désespoir. Autour de moi, mutinerie! En sourdine, musique de fond, montent les grondements menaçants de la déception et l'écume de la colère. Je cherche une embarcation de sauvetage, une remorque, un miracle! J'ai besoin de repos.

Pourtant, tu le sais, mon Dieu, tantôt je hisserai les voiles, je distribuerai le pain et le vin, je rassurerai l'équipage. Flux et reflux, vague, divague... la mer est si grosse. Pardonne-moi! Je trouverai bien le port promis, j'apprendrai à dormir dans la tempête, j'arriverai au bout de mon voyage. Nos pourparlers m'ont rassuré. Après tout, j'ai toujours le pied marin, et qui sait si demain, du moins je l'espère, je ne trouverai pas, après cette traversée périlleuse, Ta paix.

* * *

Vivre mon deuil [37]

Aujourd'hui, je ne porte plus la robe noire, signe extérieur de mon deuil, cette robe qui disait : «Je vis un temps bien difficile, je suis davantage fragile, s'il te plaît, veille un peu sur moi.» J'enterre parfois mes morts si hâtivement, que je me prive, en ma profonde

---

37.   Texte qui a paru pour la première fois dans la revue *Regard de foi*, volume 85, n° 3, dans *La Mort a-t-elle un sens?* Montréal, mai 1989.

tristesse, de la présence d'amis, de frères, de sœurs, de chers parents.

Grande calamité, temps de déchirement et pourtant, je m'arrache des bras qu'on m'ouvre pour reprendre vitement mon boulot, fuir ma douleur, cacher ce grand trou dans ma poitrine, ce vide qui me gêne, qui me fait peur.

Je ne prends pas le temps de me donner du temps. Mon cri funèbre est retenu, mon angoisse étouffée. Je refuse l'occasion d'un silence, la durée d'un Adieu.

Pourtant, vulnérable en cette secousse pénible, je me bouscule ! Pourquoi ? Je me réclame de ma peine de façon individuelle, je ne sais plus invoquer Dieu ? Le rite est devenu langue morte, le silence m'affole, mes relations sont superficielles, ma course quotidienne trop accélérée, je ne peux plus m'arrêter ?

Je ne sais pas... Oui, la peine chassée revient en sourdine, exige d'être mienne, persiste à cogner, cherche l'accueil, s'installe au seuil de mon être et menace mon cœur fermé.

Je peux bien doser mon verre de lait de médicaments, ravaler, ignorer cette visiteuse, la nier ; elle restera là et j'aurai un jour à l'apprivoiser, je devrai apprendre à la connaître, elle fait partie de moi, ma peine, elle a besoin de moi.

Vivre mon deuil, c'est peut-être me reposer, dormir, communier, parler, prier. Entrer dans ce lieu secret en moi et faire place à celui ou à celle qui m'a quittée, qui s'en est allé. Intérioriser mes bien-aimés, les porter, les continuer, les faire grandir et vivre encore, en moi. Oui, je veux bien leur offrir une autre saison fleurie ou le temps d'une saison de l'ennui.

La société qui m'entoure, frénétique, informatique, automatique, m'invite à passer outre. La mort ? Tourne le dos ! c'est inutile, futile, perte d'énergie, de temps. Le deuil est gênant. Pas le temps pour le salon mortuaire, pas le temps pour le cimetière. Reprends vite ton salaire ! Souris, allez, souris. Un jour ou deux de larmes, ça suffit ! Prends-toi en main ! Tourne la page ! Une semaine de congé, et puis allez, c'est fini ! La pitié n'est plus que pour les bêtes.

Je pense à Marie, la Mère de Jésus, celle qui, entourée des disciples de son Fils, a pris le deuil, a partagé sa souffrance. Marie, ma Mère qui dans la nuit de ma Vie, m'accompagne dans l'Espérance, vers la lumière d'une Pentecôte toujours actuelle, sur le chemin de la félicité éternelle.

Choisir de vivre mes chagrins en communauté, c'est m'accorder un soutien bien précieux. Pourquoi marcher seule ? Si j'ose vivre pleinement mon deuil, j'apprendrai peut-être à vivre pleinement ? Ainsi, lorsque sonnera mon heure, j'aurai appris à mieux mourir, à dire À DIEU dignement !

* * *

Un temps pour souffrir [38]

Depuis toujours, il y a un temps pour la semence, un temps pour la moisson, un temps pour naître, rire et chanter. Enfin, un temps pour s'éteindre, pour mourir.

---

38.   Texte qui a paru pour la première fois dans la revue *Regard de foi*, volume 81, n° 5, dans *Pourquoi la souffrance?* Montréal, septembre 1985.

Ce temps, nul ne l'évite, ni pilule magique, ni folie d'évasion. Rien ne peut empêcher la nuit de surgir, la rivière de couler, l'aube de poindre à l'horizon.

Je sais. Car pendant des siècles, j'ai lutté, foncé, cherché le calme et l'oubli, en cadence, pour retrouver au fil des jours, la détresse et l'angoisse, au seuil de ma joie.

J'ai mal en mon âme lorsque j'écoute le cri des affamés ou le tonnerre qui gronde sauvagement.

Je me ronge les ongles et je pleure, inconsolable, lorsque mon frère marche la tête basse ou que mon ami coupe des liens précieux d'amitié.

Je n'aime pas l'hiver et pourtant tout m'arrache à l'été. Je n'aime pas la guerre et pourtant je sombre dans la colère et la dureté.

Parfois je hurle mon désarroi, hoche la tête, et je répète sans cesse

POURQUOI? POURQUOI? POURQUOI?

Je raisonne, déraisonne, le monde entier me semble bouleversé.

Et puis vient un temps, le temps de plonger, au creux de la vague, le temps de me reposer, au cœur même de ma douleur, de ma peine, de mon anxiété. Le temps de me relever et de tout recommencer.

Les roses, me dit-on, ne se questionnent guère. Elles parfument l'air et puis meurent sans mot dire à leur fragile beauté. Mais moi, ni parfum, ni rose, ni simple animal blessé, il est dans ma nature de penser, de tout analyser...

Je veux donc comprendre l'ouragan, les tremblements de terre, la sécheresse du Sahel, la maladie qui ronge ma mère, l'épidémie, le sida, le cancer, le jeune qui ne croit plus en la vie.

Un temps viendra… je suppose, pour comprendre. OUI! Si un temps existe pour questionner, un envers du temps existe, pour les réponses. Je le sens, je le crois, je le sais.

* * *

Lettre à Marie [39]

Le 8 mars, journée de la femme
Chère Marie,

Tu te souviens, Marie, lorsque j'avais environ six ans et que je m'agenouillais devant cette belle image de toi en implorant, de toute mon âme d'enfant, ton pardon et ta bienveillance? Je répondais au chapelet en famille, tous les soirs, avec l'aide d'un animateur à la radio, et je t'avais même monté une petite grotte toute en fleurs de papier mouchoir dans un coin de ma chambre.

Adolescente, je chantais tes louanges :

C'est le mois de Marie,
c'est le mois le plus beau,
à la Vierge Marie,
offrons nos chants et nos cœurs

ou encore

J'irai la voir un jour,
bientôt j'irai près d'elle
lui dire mon amour.

---

39.   Texte paru pour la première fois dans la revue *Regard de foi*, volume 83, n° 3, dans *Regard sur Marie*, Montréal, mai 1987.

Un peu plus tard, lorsque j'ai accouché de mon premier enfant, je pensais souvent à toi et à la souffrance que tu avais accueillie dans ta vie. Je découvrais à quel point une mère peut aimer et combien ça peut faire mal d'aimer.

Et puis, il y a eu ces années de silence. Je ne t'avais pas complètement oubliée. Je ne savais plus me situer devant toi. J'étais si occupée et le monde changeait trop vite autour de moi.

Maintenant j'ai quarante ans et j'ai le goût de te redécouvrir.

Tu sais, depuis plusieurs années, nous fêtons la journée internationale de la femme. Eh bien, en mars dernier, lors d'une assemblée de femmes, je me suis posé une bonne question.

Il y avait plusieurs photos de femmes qui garnissaient les murs du local où nous étions. Nous rendions hommage à toutes les femmes qui avaient lutté un jour ou l'autre pour plus de justice ou de paix dans le monde. Et je me suis demandé : «Où est Marie?»

Toi, qui as certainement fait faire un grand pas à l'humanité, tu n'étais même pas invitée à la rencontre. Pourquoi? Peut-être es-tu devenue prisonnière de certaines images? Peut-être faudrait-il poser sur toi un regard neuf et te présenter avec des mots neufs?

Il me semble que nos préoccupations modernes ne te sont pas si étrangères. N'étais-tu pas un peu troublée lorsque tu as consenti à devenir la mère du Messie? Qu'as-tu vécu lorsque Joseph, ton fiancé, pendant un moment, hésita à te considérer comme sa femme? Tu étais bien jeune.

Tu as connu la pauvreté aussi, toi, l'épouse d'un simple charpentier. Tu ne te plaignais pas. Obligée d'accoucher dans une étable, loin de chez toi, ce ne pouvait pas être facile.

Plus tard, Siméon, le vieillard, t'a prédit que tu serais une mère de douleur. Moi, j'aurais été bien ébranlée.

Encore pire, lorsque tu as suivi Joseph en Égypte parce qu'Hérode voulait faire mourir ton enfant... Est-ce vrai cette histoire ? Quel courage cela a dû te demander !

Oh ! Et puis, lorsque Jésus avait douze ans et que vous étiez montés à Jérusalem pour fêter la Pâque, il resta en arrière, à ton insu. J'imagine ton désarroi. Si les femmes d'aujourd'hui connaissent la peur, l'angoisse, l'inquiétude, tu en as bien eu ta part, chère Marie.

Il y avait de bons moments aussi. Aux noces de Cana, c'est bien toi qui as pris les devants pour signaler à Jésus l'impasse de la fête, et c'est encore toi qui as invité les serviteurs à s'en remettre à sa parole ? Attentive aux besoins de tes proches, tu avais déjà l'audace de croire au vin nouveau.

Forte et solide, tu étais toujours là, debout, au pied de la Croix...

Tenace et persévérante, tu étais encore là au cénacle, à Jérusalem, le jour de la Pentecôte.

De plus, veuve assez jeune, tu aurais, j'en suis certaine, des choses importantes à dire à ce sujet, non ?

Alors Marie, je t'invite à la prochaine réunion.

Entre-temps, je continue à me vouloir plus proche de toi, plus solidaire, et je te salue, femme bénie entre toutes les femmes.

* * *

Un temps de communion : le repas familial [40]

JE ME SOUVIENS

Je me souviens de ces mots familiers que disait ma mère :

– À la table, les enfants !

Mes quatre frères et mes quatre sœurs accouraient aussi vite que moi à ces mots d'invitation. C'était la fête !

Rassemblés, tassés les uns contre les autres, nous mangions avec appétit, le cœur rassasié, en racontant tour à tour les péripéties de notre journée.

Ma mère, mon père, étaient là... présents... à nous écouter. Cette heure joyeuse des retrouvailles nous redonnait les forces et l'énergie nécessaires pour reprendre les besognes journalières, les devoirs, les tâches ménagères, le train-train de la vie.

AUJOURD'HUI

Aujourd'hui, lorsque la course folle du jour s'est modérée, j'aime aussi retrouver ma famille autour de la table à l'heure du souper. Toute la journée, l'horloge n'a cessé de compter les heures, les minutes, les secondes, en murmurant, toujours en sourdine, d'un ton d'urgence :

---

40.   Ce texte a paru dans la revue *Regard de foi*, janvier - février 1988 volume 84 - n° 1.

– Vite, hâte-toi, dépêche-toi, le temps presse.

À cette heure sacrée du partage, nous la faisons taire. C'est l'heure sans horloge.

Nous étalons la nappe, dressons la table en mettant le couvert soigneusement, en y déposant avec précaution les plats préparés, allumons quelques chandelles, et très souvent nous récitons spontanément une prière d'action de grâces pour cette abondance devant nous, pour cette grande bénédiction qu'est l'être ensemble d'une famille.

PRIERE POUR DEMAIN

Une famille, un groupe d'appartenance, c'est bien le noyau d'une société. Mais pour avoir une famille, un groupe solide d'entraide, il faut des temps de commune union, des moments fréquents de réunion, des heures sans horloge.

Il en est ainsi pour la grande famille des chrétiens et chrétiennes. Sans nos moments de rassemblement autour de la table du Seigneur, nous sommes enfants sans famille.

Ô Seigneur, garde-nous d'être séparés de Toi, éloignés les uns des autres. Tu es notre nourriture, notre pain de Vie, Celui qui nous unit !

Tu as dit :

– Prenez et mangez-en tous, prenez et buvez-en tous, faites ceci en mémoire de moi.

Si chacun, chacune reste dans son coin, s'affaire à courir ici et là, refuse de s'alimenter à la source, par manque d'intérêt ou de temps, nous ne serons plus frères et sœurs, mais individus qui se croisent à l'occasion, personnes fatiguées et AFFAMÉES!

Déjà j'entends de ces jeunes crier :

– J'ai faim !

Donne-moi, Seigneur, le courage et l'audace de m'avancer vers eux, vers elles, avec ces mots si sages de ma mère :

– À table, les enfants !

Et peut-être que demain et après-demain, deviendront des dimanches sans fin, sans faim.

* * *

C'est beau, c'est écrit pour tous les ados du monde qui ont tant de mal à porter sur leurs épaules la misère de notre monde d'adultes. Ça les rend si tristes et si grincheux.

P.S.

La paix, l'entends-tu, la vois-tu, la goûtes-tu ? [41]

Entendre la paix

Pourquoi ton cœur ne retient-il parfois que la parole blessante, dite à tort et à travers, dans une conversation ou un discours ? Tu restes accroché à ce mot irréfléchi venu des lèvres d'un autre et tu oublies un instant les milliers de poèmes que tu as entendus. Parfois blessé ou fâché, tu te remémores ce qui a offensé tes oreilles comme si une note fausse venait détruire toute l'harmonie d'une sonate.

---

41.   Ce texte a paru dans la revue *Regard de foi*, novembre 1985 volume 81, n° 6.

Il en va un peu de même pour la paix, je crois. Elle a de la difficulté à se faire entendre, car les soucis et les frivolités du jour enterrent la voix tranquille des instants de quiétude, des minutes de répit, des moments de joie et de succès et enfouissent sa mélodie au sous-sol.

Or elle est là cette paix, en sourdine peut-être, mais prête à donner d'elle-même à celui qui l'écoute. Elle nous croise, nous dit Bonjour, Merci, Comment ça va? Puis-je t'aider? Elle a un vocabulaire tendre, une tonalité pure et des silences bavards entre ses vers.

Malheureusement, les émissions radiophoniques ou télévisuelles lui refusent souvent la vedette et préfèrent proclamer, aux nouvelles d'actualité, sa contrepartie, la guerre. Il faut des oreilles bien fines pour capter les ondes fragiles de la paix, des oreilles qui veulent l'entendre.

Voir la paix

Les yeux des chercheurs de paix fixent leur regard sur elle et l'aperçoivent dans la foule des événements. Ainsi fait l'amoureux qui reconnaît sa bien-aimée parce qu'il la cherche tout le temps.

– La paix habite tel foyer ou telle école ou telle paroisse. Voilà une bonne nouvelle, je l'ai vue! s'exclament nos prophètes qui voient venir des jours meilleurs. Dans leurs visages d'espérance, le monde recommence à rêver.

Es-tu, toi aussi, un visionnaire de paix? As-tu remarqué l'écriteau sur la porte de ton voisin? Regarde. Il invite : Bienvenue chez nous.

Je risque ici d'être accusée de souffrir d'un optimisme béat. Pourtant, si je nie les preuves de l'existence de la paix, aussi bien dire que je suis aveugle au sourire confiant d'un bambin, aux organismes qui aident aux autres, à la beauté d'une femme qui accouche, au père qui joue au ballon-panier avec son fils, à la lumière dans les yeux de cet adolescent enthousiaste.

Voir la paix, c'est l'admirer, la contempler, la valider et l'aider à se réaliser. C'est y croire! C'est aussi se bâtir des attentes.

GOÛTER LA PAIX

Lorsque je m'énerve et ne goûte plus la paix, ne l'apprécie plus, résonnent parfois ces mots à l'intime de moi :

Femme de peu de paix! C'est qu'en moi, il y a confusion et tumulte qui m'empêchent d'apprécier un bon repas partagé, une soirée de chants, un lever de soleil ou une chaude poignée de main. Je dois alors entrer dans le secret de moi-même pour y déraciner la discorde, la peur et l'anxiété.

Toi, la goûtes-tu la paix? As-tu de ces havres de bonheur qui te permettent de te ressourcer, de vivre le calme, la fraternité ou la solidarité? As-tu un puits de paix? Boire et se nourrir sont des besoins essentiels à la vie, tu le sais.

Tu as assurément connu des gens qui ne parlent plus que de désastres, de violences, de maladies ou de mort. Déprimées, ces pauvres gens, bien à l'encontre de leur volonté, sèment le doute et même l'angoisse dans le cœur de leurs proches :

– Les jeux sont faits, plus rien ne va, c'est la fin du monde.

Si tu les rencontres, je t'en prie, dis-leur avec toute la conviction de ton être :

– Voici venir des jours de justice et de paix.

Touche-les de ta paix, réconforte-les, console-les et peut-être auras-tu même l'audace, comme je l'ai eue envers toi, de leur demander :

– La paix, l'entends-tu, la vois-tu, la goûtes-tu ?

* * *

Par-delà les frontières [42]

L'heure de son départ approchait. Devant mon écran de télévision, je me retrouvais assise près de lui, à son chevet, jour après jour, en prière et en pensée. Moi, habituellement si affairée, maintenant, je ne manquais pas de temps et, oublieuse de mes projets quotidiens, je veillais telle une fille près d'un père agonisant.

J'aurais voulu serrer ce vieillard frêle dans mes bras. L'image de son visage grimaçant de douleur me hantait. Pourtant, j'avais confiance que ce battant savait souffrir et mourir.

Par-delà de hautes fenêtres, son âme respirait toujours. Il était néanmoins évident que le pape était invité ailleurs, convoqué à une grande réunion céleste, et qu'il devait faire un dernier grand voyage. L'approche de sa mort me le rendit encore plus cher. Ce dérangeur, ce brasseur de conscience avait tenu bon jusqu'au bout et il ne partirait pas sans le point final au livre de sa vie.

– Les jeunes sont-ils là? murmura-t-il.

---

42.   Texte paru dans la revue *Pastorale Québec,* vol. 17, n° 5, mai 2005, p. 13

Peut-être qu'avant de se laisser couvrir d'un linceul blanc, voulait-il s'assurer que d'autres prendraient la relève, porteraient le flambeau, continueraient à chérir ses causes nobles et justes. On le rassura.

– Oui, ils sont des milliers à prier, les yeux brouillés de larmes, des fleurs à pleins bras.

L'homme en blanc, en marchand de bonheur, était allé très souvent chercher des bouts de conversation, au bout du monde, avec les jeunes. Il s'était fait proche.

Il répondit :

– Dites-leur que je les ai cherchés. C'est eux pourtant qui m'ont trouvé.

Est-ce que ce furent ses dernières paroles ?

À la tombée de la nuit, il poussa un dernier soupir, la mort venait de lui ravir son âme.

On sonna le glas. Le son grave des cloches résonna longtemps sur la place.

Le monde entier devenait sanctuaire. Le bruit de la vie se brisa soudainement et un long silence déclara la peine plus grande que les mots.

J'étais toujours là, avec les étrangers et les familiers lorsque la terre vibra sous la salve d'applaudissements. Ce n'était pas tant sa mort qui me faisait pleurer que sa vie. La fin d'une symphonie laisse toujours un nœud dans la gorge et le cœur est ébranlé.

* * *

L'autre soir, Marc-André Brochu, mon petit-fils âgé de neuf ans, m'a demandé de lui aider à travailler sa composition. *Je vais te dire quoi écrire et tu l'écriras à l'ordinateur, Mamie. Tu tapes plus vite que moi et tu n'fais pas de fautes.* J'accepte et je le regarde s'installer. Il s'approche, place sa chaise bien près de la mienne afin de pouvoir surveiller l'écran et, tout souriant, il m'annonce que son sujet sera *La reconnaissance*.

Voici ce qu'il m'a demandé d'écrire et que j'ai respecté dans son intégralité. J'étais émue par la délicatesse de son âme. Je me disais que je devrais, moi aussi, m'asseoir et faire une composition pour exprimer ma gratitude envers la Vie.

La reconnaissance

Je suis reconnaissant d'abord pour la vie que j'ai reçue et je suis content d'avoir une mère comme Brigitte et un père comme Pierre.

Ma mère adore ses enfants. Elle nous donne à manger, elle prend soin de nous, elle lave nos vêtements et elle travaille très fort pour nous. Parfois elle joue avec nous. Elle joue aux cartes, elle dessine et elle nous chatouille. C'est une bonne mère.

Mon père aussi adore ses enfants. Il nous achète des jouets et des vêtements. Il va patiner avec nous l'hiver et l'été il couche dans la tente avec nous. Il travaille aussi très fort pour gagner des sous afin de nous faire vivre.

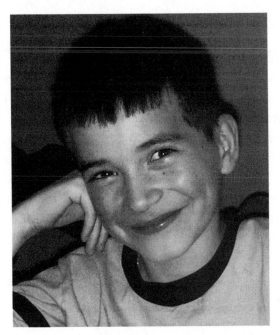

Marc-André
Photographie : Maurice Brochu

Je suis heureux d'avoir des grands-parents qui aiment me raconter des histoires et qui prennent soin de moi quand je leur rends visite.

Je suis content d'avoir un frère et quatre sœurs. J'aime ça, que dans ma famille, je suis le plus âgé de six enfants. C'est une belle famille qui a de l'amour pour chacun.

J'aime avoir des animaux de compagnie. J'ai un chien qui s'appelle Toutie et j'ai deux chats, Gribouille et Chanel.

J'aime les sports que je fais. Je fais du karaté, du patin, du ski et je nage l'été. J'aime aussi aller au cinéma et au Musée de la nature.

J'ai fait de beaux voyages. Je suis allé à Cuba, en Floride, à St-Fabien-sur-mer, à Montréal et d'autres endroits intéressants.

Je m'encourage à l'école en disant : «Marc-André, tu es capable...» Mes matières préférées sont la science et les mathématiques.

J'aime habiter sur la Côte d'Azur (Gatineau) parce que je suis juste en haut de la côte et, dans la côte, il y a plein d'arbres. J'aime me réveiller tôt le matin parce que j'entends les oiseaux chanter l'été comme l'hiver. Il y a des oiseaux qui ne vont pas dans le sud l'hiver.

Je suis reconnaissant d'avoir de bons amis et une famille aussi énergique. Mes meilleurs amis sont Samuel et Étienne. J'ai aussi mon cousin, Denis. Il va à la même école que moi et j'aime ça.

Les mets que je préfère sont la lasagne, le pâté chinois, les milk-shakes au lait de soya aux fraises, les frites, les hamburgers, le spaghetti et le tofu.

J'aime la vie!!!

Marc-André Brochu, 9 ans

Ce qui m'a frappée, c'est qu'il a insisté pour avoir trois points d'exclamation après la phrase *J'aime la vie!!!* Ah! Si seulement tous les enfants de la planète aimaient leur vie et pouvaient l'exprimer en ajoutant des points d'exclamation.

* * *

Ma petite-fille de onze ans, Myriam Laviolette, a composé ce texte pour son papa.

Mon papa, je chante pour toi

Aujourd'hui mon papa, je chante pour toi
Tu fais des meubles et tu fais des rénovations
tu travailles très fort, tu le fais pour de bon.
Mais pourtant, t'es là pour moi tout le temps.
T'as rempli la piscine, sans rengaine.
Ma chambre on va la faire, juste pour m'y plaire.
Mais pourtant, t'es prêt à tout, tout le temps.

Aujourd'hui mon papa, je chante pour toi.
Tous les jours, toutes les nuits, je pense à toi...
Pourquoi?
Parce que tu m'aimes pour tout et pour rien.
Parce que tu es le meilleur copain.
Depuis toujours jusqu'à maintenant.
Parce que tu es le plus gentil.
Parce que tu te préoccupes de ma vie.
Depuis toujours, depuis longtemps.

Aujourd'hui mon papa, je chante pour toi.
Tous les jours, toutes les nuits, je pense à toi.

Crois-moi, crois-moi pas, mais tu mérites un A!
Si je dis et je crois tout ça, c'est qu' y a une raison.

Cette raison est très évidente.
La voilà! Je t'aime, je t'aime
Papa, je t'aime!
Bonne fête des pères!

        ta fille Myriam Laviolette, juin 2004

* * *

Dans le temps des fêtes, Myriam, est arrivée avec un autre texte. Je suis toujours émue par la sagesse des enfants.

Noël, qu'est-ce que c'est?

La plupart des gens pensent vraiment que Noël, c'est la fête des cadeaux. Noël, c'est pour eux le jour des bebelles ou encore le jour du Père Noël. Pourquoi penser ça?

Pour certains, Noël, c'est rien, car ils ne le fêtent pas. Ils ont le droit, c'est leur choix.

D'autres gens croient que Noël, c'est la tradition. Sapin de Noël à décorer ou dinde farcie à manger. C'est bien vrai, mais que manque-t-il?

Certaines personnes savent que c'est pour fêter Jésus qu'on a inventé Noël, pour fêter aussi les chrétiens et Dieu aussi bien. Nous savons tous que c'est vrai, mais il manque quelque chose.

Alors Noël, qu'est-ce que c'est? On pourrait dire que c'est jour de générosité, car on offre des présents à tous

Myriam
Photographie : Maurice Brochu

ceux qui sont à nos côtés... c'est pour fêter la naissance de Jésus, Son Père et tous les chrétiens.

C'est aussi une question de tradition; bas de Noël ou chant traditionnel, messe de minuit ou cadeaux d'amis.

Mais surtout, quand j'entends Noël, je pense à l'Amour, oui, à l'Amour et en ce Noël et pour ensuite tous ces Noël qui suivront je partagerai mon amour avec la Terre entière!

Et surtout, je la partagerai avec toi. Joyeux Noël et Bonne année!

Myriam Laviolette

Lysette, Maurice et famille, Noël 2004
Photographie : Sylvain Marier

Saison des fêtes

Un miracle de Noël[43]

Il était une fois... mais non! Mon histoire ne remonte pourtant pas si loin dans le temps. Cela vous surprendra d'apprendre tout de même qu'un miracle se soit manifesté dans notre quartier de l'Outaouais, un certain jour de Noël. Si vous doutez de mon allégation, vous admettrez que ce qui est arrivé était quand même une chose surprenante, fascinante et certainement hors de l'ordinaire.

Une tempête de verglas avait frappé la région, endommageant les arbres et coupant des fils électriques. Dans notre demeure, le seul bruit, à six heures du matin, ce jour-là, c'était le craquement du plancher de bois sous mes pas.

Catastrophe naturelle qui se révélait rude épreuve, j'imagine, pour plusieurs travailleurs qui avaient dû se sortir du lit pour réparer les dégâts causés par la glace.

Cependant, en une nuit, le paysage que j'aperçus de notre fenêtre de cuisine était devenu plus magnifique qu'une image de carte postale. Les branches semblaient de cristal et le tapis de neige brillait de lumière telle une nappe de diamants au soleil.

---

43.   Texte paru dans *LeDroit*, le 24 décembre 2004

C'est la Mère Noël qui avait déposé les surprises sous le sapin, car le Père Noël dormait encore sous son édredon de plumes. Je savais que bientôt les enfants se réveilleraient et je me réjouissais déjà à l'idée de leurs cris de joie devant ces cadeaux enrubannés, tout un amoncellement de paquets colorés.

En me tirant une chaise, je m'assieds à notre table de cuisine, avec du papier. Un vers ou deux de poésie me permettraient peut-être de capter la magie de ce panorama à vous couper le souffle ! J'écrivis d'abord tout ce qui me passait par la tête. Retour dans mon enfance : je me rappelais ce magnifique kaléidoscope que mon œil saisissait pendant de longues heures, tant j'étais fascinée par la beauté des mosaïques colorées et de cette toupie qui dansait, pendant que je restais accroupie, immobile, dans l'attente de sa fatigue, espérant quand même que son tourniquet dure toujours. Seul le grattement de ma plume meublait le silence. Et puis, sans m'en rendre compte, j'étais rendue à énumérer les bienfaits de ma vie actuelle.

Je me sentais bénie d'avoir un mari attentionné, trois enfants turbulents et en santé, quatre sœurs et quatre frères qui habitaient dans les environs immédiats, des amies fiables, un toit chaud (quoiqu'il commençât à faire un peu frisquet sans le chauffage central), un garde-manger bien rempli, une bonne santé, de bons livres à lire. Et en regardant la beauté féerique de mon champ de vision, je me sentais presque comblée.

Pardon ! Ici, je vais dire une bêtise, mais à ce moment-là, même si mon cœur était gonflé de bonheur, il me manquait... une bonne tasse de café. Banal ou superficiel, direz-vous, mais quand on a l'habitude... Alors sans songer à mal, tout simplement pour m'amuser, je fis un peu de marchandage auprès de la Providence. Une proposition en l'air : Si Vous m'offrez le café, eh bien, je ferai une bonne action. J'inviterai tous mes voisins, toute ma famille et leurs enfants pour un repas d'amitié et nous lèverons notre verre à la Paix sur Terre. Il aurait peut-être fallu réfléchir davantage. Soudain, j'entendis le murmure du réfrigérateur revenir. Je sursautai comme si j'avais entendu le tonnerre du mois d'août.

Je me levai et j'eus juste le temps de préparer deux tasses de café fraîchement infusées, un quart d'heure à peine, avant que la panne d'électricité ne revienne.

Le fait me paraissait si étrange que je ne savais pas à quelle sainte me vouer pour exprimer mes remerciements ! Je ne rêvais pourtant pas. Je me ressaisis et, ravie de goûter un aussi délicieux café bien chaud, je marchai hâtivement, tasse à la main, vers notre chambre à coucher, afin de tout raconter à mon homme.

Il m'écouta de son air attendri, mais le coquin égraina un p'tit rire moqueur.

– Ce qui est promis est promis ! C'est encore chanceux que t'as pas dit que tu inviterais tout le conseil de ville... mais tu n'aurais pas pu demander autre chose qu'une tasse de café, ma femme ? Et puis veux-tu ben m'dire ce que tu vas servir à tout ce monde-là, si le courant ne revient pas avant demain ?

Sous pression, une femme pense vite.

– Bof ! Pas trop de flaflas. Repas partage au menu ! Et puis si tu fais un feu dans le foyer, j'me débrouillerai pour cuire la dinde, pas de problème ! Ça va nous réchauffer à part de ça. Tu sortiras le vin pour les grands, puis marmite sur le gril BBQ, je chaufferai le lait d'poule pour les jeunes.

Les enfants avaient tout entendu et je n'eus pas le temps de finir mes recommandations qu'ils répétaient en chœur :

– Oui ! On va faire une grosse fête, dis oui papa !

L'après-midi se passa dans le plus beau calme, au rythme d'une rustique simplicité. Ce soir-là, toujours sans énergie électrique, à la lueur de la chandelle, j'accueillais nos visiteurs, qui arrivaient bras dessus bras dessous, riant à gorge déployée, car il leur avait fallu un sac de sel et de la prudence pour arriver avec leurs petits et leurs plats. Entraient des artistes, le médecin de la clinique du bas de la côte, ma coiffeuse, notre avocate, notre plombier coiffé de son chapeau de castor, mes neveux et mes nièces, deux enseignants que nos jeunes connaissaient bien, un menuisier, la couturière d'en face, des adolescents, des bambins... Une joie commune nous rassemblait.

Et sur la table, le résultat de la générosité des gens, un abondant festin !

En plus de la dinde bien dorée, du pain de campagne qu'on a rompu, des crudités, des fromages variés et des craquelins, des charcuteries, quelques salades, des crevettes froides épicées, des tartes aux pommes, des tartelettes au sucre, des truffes, je lorgnais même, du coin de l'œil, un gâteau aux fruits. Ô délice !

Chaque fois qu'un hôte se levait pour offrir ses vœux traditionnels, tous les dîneurs levaient leurs verres, trinquaient et buvaient à la santé de notre belle amitié.

Enfin, les convives se déclarèrent à tour de rôle bien rassasiés. Malgré cela, il restait tant de nourriture que nous avons rempli sept paniers d'osier qu'un voisin, propriétaire d'une camionnette, est allé porter au gîte des moins fortunés.

La fête s'est poursuivie jusqu'aux petites heures au son du violon, de cantiques et de bonnes chansons. Mon frère, le beau Claude, répétait à tout moment :

– J'vas vous caller un autre set carré pis swingue la compagnie.

Autour de nous, des ombres sautillaient et dansaient puis on entendait les rires qui fusaient de tous côtés.

Toujours est-il qu'au moment de se rhabiller, nos invités, le cœur pourtant rempli d'allégresse, avaient tous les larmes aux yeux.

Je disais et redisais :

– Partez pas déjà! Faites pas les casseux de veillées. Vous savez que notre maison vous sera toujours ouverte. Comptez pas les tours, vous reviendrez, on n'est pas sorteux. Joyeux Noël et Bonne année!

* * *

Bonne année!

Nostalgie! Les années passent. Hier encore, espiègle, je courais dire à mon frère :

– Bonne année grand nez!

Il rétorquait :

– Pareillement grandes dents!

Fou rire!

Maman avait préparé un festin, jambon, beignes, tartes au raisin, et nous attendions avec joie la parenté.

J'embrassais toute la maisonnée !

– Entrez vous réchauffer, Mémére, déneigez-vous devant le poêle, donnez-moi votre manteau, ma tante, voulez-vous un p'tit chocolat, du sucre du pays, un verre de pop, une liqueur rouge ?

Que j'aimais la veillée du jour de l'an ! Ah ! la tournée de la guignolée, les chansons à répondre : *Alouette,* les danses carrées : *Faites tourner la compagnie,* les histoires que je ne comprenais pas toujours, mais qui faisaient s'esclaffer les grands.

Ombre au tableau ! À la veille de 1960, je me consolais auprès de ma sœur. Rumeurs... La révélation du troisième document de Fatima annonçait de grands malheurs

Je tremblais, j'avais peur.

Réconfort, émotions ! Papa nous rassemblait. Il étendait les mains sur ses enfants agenouillés pour la bénédiction paternelle :

– Seigneur, bénissez notre famille. Gardez-la bien unie. Portez un regard de bonté sur cette marmaille que vous nous avez donnée. Grand merci à saint Joseph. Au nom du Père, et du Fils, et du Saint-Esprit. Ainsi soit-il !

P'tit bonheur. Jeune maman, je restais à la maison à veiller sur le sommeil de mes chers enfants. À onze heures, tout en grignotant du céleri, du fromage et des canapés, j'écoutais, toute blottie sur l'épaule de mon mari, les folies du Bye bye à la télé. À minuit, nous levions notre verre de vin, heureux de recommencer une nouvelle année et d'oublier les fautes du passé !

Le lendemain, tout endimanchée, j'emmenais les marmots à la messe du Jour de l'an. Je m'attardais au grand rassemblement sur le perron de l'église, je rendais les souhaits :

– La santé et le paradis à la fin de vos jours.

Ensuite, un bon dîner chez mes beaux-parents.

Parfois, je revois mon beau-père, en tablier, peler les carottes, et ma belle-mère nous offrir sa soupe, des glissants dans le ragoût, son sucre à la crème, bof! On se moquait bien alors du gras ou du sucré.

Les temps ont changé. Avec nos ados, nous sommes allés festoyer dans les Laurentides, dans un condo. Mon père était parti cette année-là, un infarctus qui ne pardonne pas.

L'année suivante, nous étions à une grande fête dans un club de nuit, avec des chapeaux, des flûtes, du champagne et le cœur gros.

En 1986... Oncle Léo nous a bénis en pleurant, il n'a jamais eu d'enfants alors, en étendant les mains sur la famille de son frère, des larmes enfouies sont montées malgré lui.

L'an 2000... La terre entière frissonne, on parle de bogue, de catastrophe, d'apocalypse. Je reste calme. Je me souviens de mes peurs enfantines, je ne veux plus blêmir, je ne veux plus gaspiller le temps.

Aujourd'hui... Mes enfants sont mariés. Ils viennent à la maison avec nos treize petits-enfants. On s'donne la main, on s'embrasse.

– Bonne année grand nez, dit Denis à sa sœur.

– Toujours pareil, grandes oreilles ? répond Myriam.

Je souris. Heureusement, tout n'a pas changé.

– Papa, tu veux nous bénir ? dit une des grandes, le respect dans la voix.

Oui, mon mari a conservé cette tradition, pourquoi pas ? Je cuisine beaucoup. Pas trop de sucre, pas trop de gras, quand même. Mais c'est bien l'temps de s'amuser. Ça n'arrive qu'une fois par année.

BONNE ANNÉE! Bien de l'agrément, comme disait pépére. Trois cent soixante-cinq beaux jours pour recommencer en beauté! Tout est possible, à qui sait rêver.

Je nous souhaite donc un monde renouvelé. Je sais, je sais, ça prendrait bien un miracle du frère André. Eh bien, j'irai à l'Oratoire, en quêter un... n'est-ce pas comme ça que toute cette histoire a commencé?

* * *

De l'auteure

Florence et la Sainte-Catherine, Illustrations de Christian Quesnel, Vermillon, Ottawa, 2005.

Jérôme et la fête des toutous, illustrations de Ghyslaine Lévesque, Vermillon, Ottawa, 2004.

Myriam, la dévoreuse de livres, illustrations de Gabriel Choquette, Vermillon, Ottawa, 2003; réédition en 2004.

Le mystère des chaussettes, illustrations de Joanne Girard, Vermillon, Ottawa, 2002.

Moi, Mabel, la vache volante, illustrations de Joanne Girard, Vermillon, Ottawa, 2002. Finaliste du Prix littéraire LeDroit 2003.

Marie-France et son ange, illustrations d'Olga Rykova, Vermillon, Ottawa, 2001.

Contributions à des revues et à des ouvrages collectifs

Dans la folie de la nuit, récit portant sur l'écriture. Écrire Magazine, numéro 88, Boucouzé, France, juin-juillet 2005.

Par-delà les frontières, récit, Pastorale Québec, volume 117, numéro 5, mai 2005

La magie de l'amour, nouvelle, dans *Le souffle de l'étrange*, collectif de l'A.É.Q.J., Vents d'Ouest, Gatineau, 2005.

Rose bonbon, nouvelle, dans *Brèves littéraires*, Société littéraire de Laval, numéro 69, hiver 2005.

Amour fou.com, nouvelle, dans *Virtuellement vôtre,* collectif de l'A.É.Q.J., Vents d'Ouest, Gatineau, 2004.

Insolation et désolation, nouvelle, dans *Des nouvelles du hasard,* collectif Canada-Suisse, Vermillon, Ottawa, 2004.

Feue, la bibliothèque de Bagdad, texte, dans *La cendre des mots. Après l'incendie de la Bibliothèque de Bagdad, textes sur l'indicible,* collectif, L'Harmatan, Paris, 2003.

Chanson sibylline, nouvelle, dans *Traversées,* revue littéraire belge, numéro 35, octobre 2003, et dans la revue littéraire *Virages,* numéro 24, hiver 2004.

Paradoxale profession, avant-propos, dans *La pratique de l'enseignement,* Nadia Rousseau et Marc Boutet, Guérin, Montréal, 2003.

Victor Hugo au Casino, nouvelle, dans *Casino... vertigo!* Vermillon, Ottawa, 2000.

Textados, six textes divers, Centre Jules-Léger, Montréal, et Centre franco-ontarien de ressources pédagogiques, Ottawa, 1994.

À vol d'oiseau, sept textes divers pour enfants, Centre franco-ontarien de ressources pédagogiques, Ottawa, et Guérin, Montréal, 1985.

À tire d'aile, dix textes divers pour enfants, Centre franco-ontarien de ressources pédagogiques, Ottawa, et Guérin, Montréal, 1983.

À l'aventure, vingt-cinq textes divers pour enfants, Centre franco-ontarien de ressources pédagogiques, Ottawa, et Guérin, Montréal, 1982.

Pour se faire un nom, trousse pédagogique pour les onzième, douzième, treizième année en Ontario, Centre franco-ontarien de ressources pédagogiques, Ottawa, 1982.

Le discours d'Adam, poème, dans *Pour se faire un nom,* Anthologie de textes ittéraires franco-ontariens, Fides, 1982.

La peintresse des enfants, poème, dans *Les yeux en fête,* deuxième volume de l'Anthologie de littérature franco-ontarienne, Fides, 1982.

À quoi bon parler et **C'est aujourd'hui que je suis**, textes poétiques, dans *Bing sur la Ring, Bang sur la Rang,* Anthologie française de l'Outaouais, Commoner's, Ottawa, 1979.

Table des matières

Récits, nouvelles et romans
dans la collection **Parole vivante**

Saisons d'or et d'argile
est le trois cent quatrième titre
publié par les Éditions du Vermillon

Composition
en Bookman, corps onze sur quinze
et mise en page
Atelier graphique du Vermillon
Ottawa (Ontario)
Impression et reliure
Marquis Imprimeur
Cap-Saint-Ignace (Québec)
Achevé d'imprimer
en novembre 2005
sur les presses de
Marquis Imprimeur
pour les Éditions du Vermillon

ISBN 1-897058-21-7
Imprimé au Canada